Baden-Württemberg

Klasse 10a *Amelie Ruf*

Deutschbuch

Differenzierende Ausgabe

Arbeitsheft

6

Arbeitstechniken

Pflichtteil

Wahlteil

Grammatik

Rechtschreibung

Eine Prüfung schreiben

Herausgegeben von

Christa Becker-Binder und Dorothea Fogt

Erarbeitet von

Carmen Collini (Karlsbad)

Yvonne Dammert (Heidelberg)

Dorothea Fogt (Mannheim)

Christian Weißenburger (Ludwigsburg)

Cornelsen

Inhaltsverzeichnis

Kennzeichnungen in diesem Arbeitsheft:

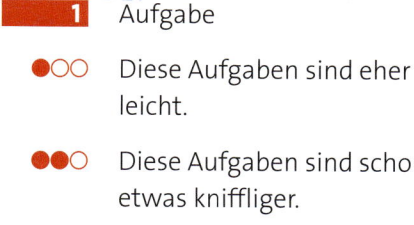

1 Aufgabe

●○○ Diese Aufgaben sind eher leicht.

●●○ Diese Aufgaben sind schon etwas kniffliger.

●●● Diese Aufgaben sind etwas für Profis.

Du kannst immer mit den leichteren Aufgaben beginnen und dich bis zu den Aufgaben für Profis durcharbeiten.

Information Zusammenfassung des Grundwissens

Methode Aufzeigen einer Vorgehens- weise

⌐ Tipps und Arbeitshilfen

► Der Pfeil sagt dir, auf welcher Seite du etwas nachschlagen kannst.

Mit dem beigefügten Lösungsheft kannst du deine Ergebnisse zu den Aufgaben und Tests selbst überprüfen.

Die Prüfung vorbereiten

Prüfungsanforderungen: Was wird von mir verlangt?

Information	Die Deutschprüfung im Überblick

Die schriftliche Abschlussprüfung im Fach Deutsch besteht aus zwei Pflichtteilen (Teil A 1 und A 2) und einem Wahlteil (Teil B).

- **Pflichtteil A 1: Sachtext** – Aufgaben zum Textverständnis sowie zur Grammatik und Rechtschreibung (Orthografie, Interpunktion usw.)
- **Pflichtteil A 2: Lektüre** (vorgegebene Ganzschrift) – Aufgaben zum Textverständnis sowie produktive Schreibaufgaben
- **Wahlteil B** – zu bearbeiten ist eine der drei Aufgaben:
  → Einen Prosatext beschreiben → Ein Gedicht beschreiben → Eine textgebundene Erörterung

Der zeitliche Rahmen für die gesamte Prüfung beträgt 240 Minuten. Für die Bearbeitung des Pflichtteils stehen 120 Minuten zur Verfügung, für den Wahlteil hast du ebenfalls 120 Minuten Zeit.
Für alle Prüfungsteile steht dir ein Wörterbuch zur Verfügung.

1 Informiere dich über die Prüfungen.
  a Wann finden die Prüfungen statt? Erstelle mit Hilfe eines Kalenders einen persönlichen Arbeitsplan für die Abschlussprüfung. Teile dir deine Lernzeit sinnvoll ein und plane auch regelmäßige Lernzeiten in den Ferien ein.
  b Informiere dich über die Prüfungsanforderungen.

2 Notiere die Themengebiete der Prüfung:
  a Welche sind <u>verpflichtend</u> zu bearbeiten?

  _____ und _____

  b Zwischen welchen Themengebieten kannst du im Wahlteil <u>wählen</u>?

  _____ und _____ und

  _____

3 Schätze dich selbst ein. Wo fühlst du dich sicher, in welchen Bereichen musst du noch vertieft üben?

Themengebiete	☺	☺	☹
Sachtexte – Aufgaben zum Textverständnis	☐	☐	☐
Aufgaben zur Grammatik	☐	☐	☐
Aufgaben zur Rechtschreibung	☐	☐	☐
Lektüre – Aufgaben zum Textverständnis	☐	☐	☐
Lektüre – produktive Aufgaben zur Lektüre (Brief, innerer Monolog ...)	☐	☐	☐
Einen Prosatext beschreiben	☐	☐	☐
Ein Gedicht beschreiben	☐	☐	☐
Eine textgebundene Erörterung	☐	☐	☐

4 Dieses Arbeitsheft soll dir bei der Prüfungsvorbereitung helfen. Informiere dich über den Aufbau des Arbeitsheftes. Notiere, wo du im Heft Übungen zu den einzelnen Prüfungsthemen findest.

> In der Prüfung können unterschiedliche Textsorten vorkommen, als Prosatext z. B. neben der hier im Arbeitsheft angebotenen Kurzgeschichte z. B. auch eine Parabel, Fabel o. Ä.

Sachtexte: S._____

Lektüre: S._____

Ein Gedicht beschreiben: S._____

Grammatik: S._____

Einen Prosatext beschreiben: S._____

Eine textgebundene Erörterung: S._____

Rechtschreibung und Zeichensetzung: S._____

Prüfungsaufgaben: Was verbirgt sich dahinter?

Sachtexte – Aufgaben zum Textverständnis (Pflichtteil A1)

1 Im Pflichtteil A1 werden Aufgaben zum Textverständnis eines Sachtextes gestellt. Die Fünf-Schritt-Lesemethode ist dir dabei eine Hilfe: Ordne die Schritte in der richtigen Reihenfolge und trage die Ziffern entsprechend ein.

☐ Wichtiges zusammenfassen

☐ Sich einen Überblick verschaffen

☐ Schlüsselwörter unterstreichen

☐ Fragen stellen

☐ Stichwortzettel anlegen

Sachtexte – Aufgaben zum Sprachgebrauch (Pflichtteil A1)

2 Bei welchen der folgenden Aufgaben handelt es sich um Aufgaben zur Grammatik und Rechtschreibung sowie Zeichensetzung. Kreuze an.

☐ Setze in den folgenden Sätzen die fehlenden Kommata. Begründe mit der passenden Kommaregel.

☐ Formuliere den folgenden Satz im Aktiv. Achte auf die richtige Zeitform.

☐ Gib die zentrale Aussage des Textabschnitts in eigenen Worten wieder.

☐ Schreibe ein kurzes Gespräch zwischen den beiden Hauptfiguren, in dem du drei zentrale Aspekte deiner Textuntersuchung darin aufgreifst.

☐ Erkläre, warum das markierte Wort nicht nominalisiert wird.

3 Erläutere mit eigenen Worten, was die Aufgabenstellung von dir verlangt.

„In Zeile x–y sind Nominalisierungen zu erkennen. Suche eine davon heraus und nenne sie (mit Zeilenangabe). Begründe die Nominalisierung."

Lektüre – Aufgaben zum Textverständnis (Pflichtteil A2)

4 Informiere dich: Welche Lektüre (Ganzschrift) ist von dir für den Pflichtteil A2 vorzubereiten?

_____

Lektüre – produktionsorientierte Aufgaben (Pflichtteil A2)

5 Zur Lektüre werden produktive Schreibaufgaben gestellt. Ordne richtig zu, indem du Verbindungslinien ziehst.

Tagebucheintrag	Zwischen zwei oder mehreren Figuren wird ein Gespräch entworfen. Themen können Probleme oder Streitpunkte sein.
Dialog	Eine Figur äußert im stummen Selbstgespräch z. B. in einer angespannten Situation ihre Gedanken und Gefühle.
Innerer Monolog	Man schreibt an eine Figur aus dem Text, stellt Fragen, beurteilt ihr Verhalten, gibt Hinweise und Tipps.
Brief	Aus der Perspektive einer beteiligten Figur wird ein Text verfasst, der ausdrückt, was die Figur denkt und fühlt.

Einen Prosatext beschreiben (Wahlteil B)

6 In einer Textbeschreibung zu einem Prosatext erläuterst du dein Textverständnis. Ordne die Teilschritte für die Erstellung einer Textbeschreibung in der richtigen Reihenfolge und notiere sie auf den Linien.

> **Wortspeicher**
>
> persönliche Stellungnahme • Ergebnisse der Texterschließung je nach Schwerpunkt •
> Inhalt wiedergeben • Intention des Autors •
> Name des Autors, Titel, Textsorte und Thema des Textes nennen

_____

_____

7 In der Prüfung wird keine vollständige Textbeschreibung verlangt, sondern du beschäftigst dich mit bestimmten Aspekten der Textbeschreibung. Ordne den folgenden Teilaspekten die richtigen Fachbegriffe zu.

sprachlich-stilistische Gestaltung	Erzählzeit, erzählte Zeit, Rückblende, Vorausdeutung
Figuren	Satzbau, Wortarten, sprachliche Bilder, Zeitform
Zeitgestaltung	auktorial, personal, neutral
Erzählverhalten	äußere und innere Handlung

Ein Gedicht beschreiben (Wahlteil B)

8 Bei der Gedichtbeschreibung untersuchst du den formalen Aufbau und die sprachlichen Mittel. Ordne die Fachbegriffe aus dem Wortspeicher richtig zu und trage sie ein.

Wortspeicher

Reimform • sprachliche Bilder • Stilfiguren (z. B. Alliteration) • Metrum • Strophe • Wörter und Wortarten

formaler Aufbau: _____

sprachliche Mittel: _____

Eine textgebundene Erörterung (Wahlteil B)

9 Eine textgebundene Erörterung kann unterschiedlich aufgebaut sein. Benenne die beiden durch die bildlich dargestellten Gliederungsformen und erläutere sie in wenigen Sätzen.

_____

_____

_____

_____

Die Prüfung im Überblick

10 Ergänze den Lückentext zum Aufbau der Prüfung mit den passenden Begriffen aus dem Wortspeicher.

Wortspeicher

Textbeschreibung • Erörterung • Sachtext • Lektüre

Die schriftliche Abschlussprüfung im Fach Deutsch besteht aus zwei Pflichtteilen und einem Wahlteil.

Im Pflichtteil A 1 geht es um den _____. Dabei beantwortet man Fragen zum Textverständnis, aber auch Aufgaben zu den Bereichen Rechtschreibung und Grammatik sind zu lösen. Im Pflichtteil A 2 geht es um die _____. Hier findet man sowohl Aufgaben zum Textverständnis als auch produktive Aufgaben, wie z. B. das Verfassen eines inneren Monologs. Im Wahlteil kann man sich dafür entscheiden, eine _____ zu einem Prosatext oder zu einem Gedicht zu verfassen. Alternativ besteht noch die Möglichkeit, eine textgebundene _____ zu schreiben.

Aufgabenformate verstehen

<table>
<tr><td>Information</td><td>Aufgabenformate verstehen</td></tr>
</table>

- Bei einer **Auswahlaufgabe (Multiple Choice)** muss unter mehreren Aussagen eine richtige Lösung ausgewählt werden.
- Bei einer **Zuordnungsaufgabe (Matching)** müssen aus Wörtern, Satzteilen oder Sätzen inhaltlich zusammengehörende Paare gebildet werden.
- Bei einer **Richtig-Falsch-Aufgabe (True/False)** muss entschieden werden, welche Aussagen zutreffen und welche nicht.
- Die **Kurzantwortaufgabe** verlangt eine eigenständig formulierte kurze Antwort auf die Frage.
- Bei der **Einsetzaufgabe** müssen passende Wörter in einen Lückentext eingesetzt werden.

1 Ordne die Beispielaufgaben den Aufgabenformaten im Infokasten zu. Schreibe sie auf die Linien.

---

1. Beispielaufgabe: Entscheide, welche Aussagen A bis C auf die Grafik zutreffen und welche nicht. Kreuze an.

richtig falsch

A Die meisten Treibhausgase in Gramm pro Personenkilometer verursachen Pkw. .... ☐ ☐

B Die Eisenbahn im Nahverkehr ist umweltbelastender als im Fernverkehr. .... ☐ ☐

C Mit 201 Gramm pro Personenkilometer verursacht das Flugzeug die meisten Treibhausgase aller Verkehrsmittel. ---------------------------------- ☐ ☐

Bei dieser Aufgabe handelt es sich um eine

---

2. Beispielaufgabe: Ergänze die Lücken sinnvoll.
Verben, Adjektive, Adverbien und Wörter anderer Wortarten schreibt man in der Regel ? , wenn sie im Satz als ? gebraucht werden.

---

3. Beispielaufgabe: Ordne die Beispiele für die Zeitformen richtig zu.

Plusquamperfekt	Es regnete.
Präteritum	Es hatte geregnet.
Perfekt	Es regnet.
Präsens	Es hat geregnet.

---

4. Beispielaufgabe: Welche der folgenden Aussagen fasst den Inhalt der ersten Strophe des Liedes „Lass uns gehen" am besten zusammen? Kreuze an.

A ☐ In der ersten Strophe spricht das lyrische Ich über seine Sehnsucht nach dem Meer.

B ☐ In der ersten Strophe spricht das lyrische Ich über sein einengendes Leben in der Stadt.

---

5. Beispielaufgabe: Wie lässt sich die Position von Jonas zum Thema „Flugreisen" zusammenfassen? Beantworte diese Frage in wenigen Sätzen.

Operatoren verstehen

Als **Operatoren** werden **Verben** bezeichnet, die näher bestimmen, was in der jeweiligen Aufgabe zu tun ist. Wenn du beispielsweise eine Aussage **prüfen** musst, bedeutet das, dass du eine Aussage daraufhin betrachten sollst, ob sie gültig und stimmig ist. Sollst du eine Aussage/Behauptung **begründen,** wird gefordert, dass du diese durch Argumente stützt.
Die Operatoren musst du genau lesen, um die Aufgabenstellung zu verstehen und richtig zu lösen.

1 Markiere in den folgenden Beispielaufgaben den Operator.

A Fasse jeden Abschnitt in eigenen Worten zusammen.

B Nenne drei Berufe, die nach Ansicht des Autors in Zukunft sehr gefragt sein könnten.

C Ergänze den Lückentext über die zeitliche Gestaltung des Prosatextes.

D Bestimme das Erzählverhalten, d. h. die Perspektive, aus der das Geschehen erzählt wird.

E In dem Text gibt es Haupt- und Nebenfiguren. Beschreibe die Verfassung der Hauptfigur am Anfang der Geschichte.

F Anna hat eine Einleitung zu ihrer Textbeschreibung verfasst. Untersuche den Aufbau der Einleitung.

G Um welches Thema geht es in dem Sachtext? Wähle eine der Aussagen aus und begründe deine Entscheidung.

H Erschließe die Hauptaussagen der Grafik, indem du die Fragen beantwortest.

2 Welcher Operator wird in den Texten in der rechten Spalte beschrieben? Ordne die Operatoren aus dem Wortspeicher richtig zu und trage sie in die linke Spalte ein.

Wortspeicher

~~untersuchen~~ • begründen • belegen • charakterisieren • erläutern • herausarbeiten • zusammenfassen

untersuchen	formale und inhaltliche Aspekte eines Textes werden herausgearbeitet und systematisch dargestellt
	eine literarische Figur mit ihren besonderen Eigenheiten darstellen und dabei auf innere und äußere Handlung eingehen
	eine Position formulieren und durch Argumente stützen
	eine Aussage / einen Sachverhalt schlüssig und begründet herleiten, verständlich machen
	eine Sache verdeutlichen, verständlich machen
	Informationen aus Texten gewinnen
	Aussagen durch Zitate aus dem Text stützen
	die wesentlichen Inhalte und Zusammenhänge von Texten wiedergeben

3 a Markiere in der linken Spalte jeweils die Operatoren.
   b Überlege, was in einer Aufgabe mit diesem Operator verlangt wird, und ordne die passende Ergänzung aus der rechten Spalte zu, indem du Verbindungslinien ziehst.

… müssen bestimmte Sachverhalte genau und anhand von Kriterien festgestellt werden.
… sollen beispielsweise Personen oder Vorgänge ohne Wertung in eigenen Worten dargestellt werden.
… müssen Begriffe, Gegenstände oder Sachverhalte aufgezählt werden.
… so sind wesentliche Informationen oder ein Argumentationsgang strukturiert zusammenzufassen.
… müssen Informationen sach- und kriterienbezogen aus einem Text herausgezogen werden.
… sind Informationen aus unterschiedlichen Quellen oder Texten für einen bestimmten Zweck zu verwenden.
… muss ein Ergebnis, ein Standpunkt oder Ähnliches knapp und präzise zum Ausdruck gebracht werden.

Steht in der Aufgabe „nenne",

Soll man „bestimmen",

Ist „beschreiben" gefordert,

Wenn in der Aufgabe „nutze" steht,

Soll man „formulieren",

Heißt es „entnimm",

Soll man „wiedergeben",

4 Ergänze den Lückentext zu den Operatoren mit den passenden Wörtern aus dem Wortspeicher.

Wortspeicher

~~argumentativ~~ • Gesamtverständnis • positionieren • Urteil • kritisch erläutert

Steht in der Aufgabe **„diskutiere"**, so soll man sich *argumentativ* mit einem Thema, einer Frage, einem

Problem auseinandersetzen. Soll man **„interpretieren"**, dann ist der Textausschnitt zu deuten und es sind Belege

für deine Deutung anzuführen. Dazu muss man Textform und Textinhalt analysieren und untersuchen, um zu

einem schlüssigen _____ des Textes zu kommen.

Wenn es heißt **„erörtere"**, solle man sich mit einem Thema kritisch befassen, verschiedene Positionen

kennenlernen und das Pro und Kontra abwägen, um ein begründetes _____ zu fällen.

Wird gefordert **„kommentiere"**, so soll ein Sachverhalt _____ und bewertet werden. Heißt es

„nimm Stellung …", soll man sich zu einer Fragestellung argumentativ und urteilend _____.

Checkliste ✔

Fit für die Prüfung?   ☺   ☹

- Hast du dich über die Prüfungsanforderungen informiert?
- Hast du dein Wissen überprüft und Arbeitsschwerpunkte definiert?
- Hast einen persönlichen Arbeitsplan mit Hilfe eines Kalenders erstellt?
- Hast du einen Überblick über das Arbeitsheft, sodass du konzentriert üben kannst?
- Hast du dich mit den Prüfungsaufgaben auseinandergesetzt?
- Verstehst du die Operatoren und Aufgabenformate, sodass du weißt, was verlangt wird?

Korrektes Zitieren

Eine Form der Redewiedergabe ist das **Zitat,** das in den eigenen Satz integriert wird, z. B.: *Der Experte behauptet, dass „...." sei.* **Auslassungen innerhalb eines Zitates** werden immer mit [...] gekennzeichnet. Das Zitat wird jeweils mit dem Zusatz „zit. n. Quellengabe" versehen.

Roboter, übernehmen Sie!

SZ: „In Zukunft sollen Maschinen untereinander und mit dem Internet vernetzt sein und intelligente Roboter einen Großteil der menschlichen Arbeit übernehmen. Ist diese Entwicklung unausweichlich?"

Prof. Henning Kagermann:
„Ohne eine weitere Automatisierung und Digitalisierung wird die deutsche Industrie ihre Wettbewerbsfähigkeit und ihr Produktionsvolumen nicht erhalten können. Wenn wir nichts tun, gehen also auf jeden Fall Arbeitsplätze verloren."

Inga Burk:
„Die Abläufe werden immer effizienter[1], die Verknüpfung von Informationen und Prozessen schreitet voran. [...] Erstmals in der Geschichte können nicht nur manuelle[2], sondern auch kognitive[3] Tätigkeiten auf Maschinen übertragen werden. Ich habe keinen Zweifel, dass eine große Umwälzung bevorsteht."

1 effizient: wirksam, leistungsfähig
2 manuell: von Hand erstellt
3 kognitiv: auf Erkenntnisse beruhend

1 Zitiere die wichtigsten Aussagen der zwei Experten. Achte auf die korrekte Zitierweise und die richtige Verwendung des Konjunktivs bei der indirekten Rede. Schreibe in dein Heft.

Beispiel: *Prof. Kagermann führt aus, dass „ohne eine weitere Automatisierung und Digitalisierung [...] die deutsche Industrie ihre Wettbewerbsfähigkeit und ihr Produktionsvolumen" verlieren werde. Er befürchtet ...*

Die mündliche Prüfung – Das Prüfungsgespräch

Ob du die **mündliche Prüfung** im Fach Deutsch antreten musst, erfährst du in der Regel spätestens am zweiten Unterrichtstag nach Bekanntgabe der Noten der schriftlichen Prüfung. Es gibt Einzel- oder Gruppenprüfungen.

1 Suche dir ein Schwerpunktthema aus den Themengebieten der 10. Klasse.
Besprechte dich dazu auch mit deinem Fachlehrer / deiner Fachlehrerin.

2 a Sammle zu deinem Thema zentrale Aspekte in einer Mindmap.
b Entwickle zu jedem Ast deiner Mindmap Lernkarten auf Karteikärtchen.

3 a Überlege dir mögliche Fragen zu den Themenfeldern. Die W-Fragen können dir dabei helfen.
b Beantworte die Fragen stichwortartig.

4 a Übe mit einem Lernpartner das Prüfungsgespräch.
b Gebt euch anschließend Feedback darüber, was ihr noch verbessern müsst.

Einen Sachtext erschließen

Die Jobfresser kommen

Von Stefan Schultz

Roboter, Automatisierung, künstliche Intelligenz: Maschinen werden Millionen unserer Jobs übernehmen. Fluch oder Segen?

Seine wohl unheimlichste Begegnung mit der Macht der Maschinen hatte Christopher Mims in ziemlich betrunkenem Zustand. Mims, Reporter des Tech-Blogs Quartz, stand auf einer
5 Party des Massachusetts Institute of Technology (MIT) herum, als er plötzlich in einer Ecke den Arbeitsroboter Baxter entdeckte. „Baxter sah einsam aus", sagt Mims. [...] Er nahm den Arm des Roboters und bewegte ihn in eine Kiste mit kleinen Gegenständen hinein. Baxters Finger ergriffen eines der Objekte. Nun führte Mims den Roboter zu einem Tisch. Baxter legte den Gegenstand dort ab. Eifrig fuhr der Roboter mit seiner neu erlernten Aufga-
10 be fort. Immer wieder. Gewissenhaft erledigte Baxter einen Job, den auch ein Arbeiter in einem Warenlager von Amazon machen könnte. Er hatte nur ein paar Sekunden gebraucht, diesen zu lernen. Das Beispiel zeigt: Die nächsten Wellen der Automatisierung und Digitalisierung werden den Arbeitsmarkt, wie wir ihn kennen, fundamental verändern – viel schneller, als wir denken.

15 Experten streiten darüber, was das mit uns und unser Gesellschaft macht. Drohen Massenarbeitslosigkeit und Massenarmut? Oder bricht eine Ära an, in der der Mensch endlich ganz Mensch sein kann, weil immer weniger Zeit für den Lebensunterhalt draufgeht – und immer mehr Zeit für die Selbstentfaltung bleibt?

Warum diese Arbeitsmarktrevolution anders ist

20 Es ist nicht das erste Mal, dass die Arbeitswelt vor Umwälzungen steht. Doch bislang galt stets eine Art Naturgesetz: Jede Stufe der Automatisierung brachte neue, anspruchsvollere Jobs hervor. Jobs, die meist spannender und weniger gesundheitsschädlich waren als die Berufe der vorigen Generation.

Noch vor 200 Jahren arbeiteten 70 Prozent der US-Amerikaner auf einer Farm – heute sind
25 es noch rund ein Prozent. Als Maschinen die Arbeit auf den Äckern übernahmen, heuerten die Feldarbeiter in den Fabriken an, die die Erntemaschinen und Mähdrescher bauten. Als dort Roboter an die Fließbänder drängten, übernahmen die Fabrikarbeiter die Wartung und Pflege dieser Maschinen. [...]

Der Gesellschaft schienen bislang nicht die Aufgaben auszugehen, die man gegen Geld für
30 sie leisten kann. Doch dieses Mal könnte alles anders sein. „Dieses Mal werden nicht nur körperliche Jobs durch geistige ersetzt", sagt Andrew McAfee, MIT-Forscher. „Dieses Mal übernehmen Maschinen auch immer anspruchsvollere Denkaufgaben." Gleichzeitig meistern sie immer kompliziertere motorische Jobs.

Begründung

Autopiloten könnten schon jetzt souverän eine Boeing 787 landen, in den kommenden
35 Jahrzehnten dürften sie auch sämtliche Lkw- und Taxi-Fahrten übernehmen. Drohnen könnten bald Briefe, Pizzen und Pakete ausliefern. [...]

Beispiel/Beleg

Finanz-Start-ups setzen Chatbots als Bankberater ein. Zahlreiche Jobs in der Kundenberatung könnten so überflüssig werden. Krankenhäuser setzen künstliche Intelligenz in der Krebsdiagnostik ein, immer mehr Operationen werden von Robotern durchgeführt. Der IT-
40 Riese „Alphabet" baut seinen Chat-Dienst „Google Talk" zum Callcenter der Zukunft aus: Kunden sollen künftig Fragen per Chat schicken, antworten soll möglichst oft der Bot. Nur wenn dieser nicht weiter weiß, springt ein menschlicher Callcenter-Agent ein.

Auch Menschen mit kreativen Berufen sollten sich nicht allzu sicher fühlen, schreibt Kevin Kelly, Mitgründer des Technologiemagazins „Wired". Manche Maschinen schreiben auch
45 Songs, Gedichte, Romane und Zeitungsartikel von immer höherer Qualität.

So gut wie jeder Beruf dürfte von der kommenden Arbeitsmarktrevolution erfasst werden.

Allein in den USA stehen 47 Prozent der Jobs zur Disposition, heißt es in einer Studie der Oxford-Universität, die 702 Berufsfelder detailliert betrachtet. Alle Sektoren – von der Landwirtschaft über die Industrie bis zur Dienstleistung – sind betroffen. Immer anspruchsvollere Jobs werden wegdigitalisiert. Und der Wandel beschleunigt sich immer stärker.

Schneller, billiger, schlauer

Schon jetzt lohnen sich Industrieroboter nicht mehr nur in Hochlohnländern. Auch in China sind in den vergangenen Jahren Dutzende Millionen Jobs in der Industrie verloren gegangen. Ein Elektroteilehersteller lässt im Süden des Landes gerade eine Fabrik bauen, in der Roboter 90 Prozent der menschlichen Arbeiter ersetzen.

Laut der Studie einer großen Unternehmensberatung werden die Kosten für Industrieroboter rasch weiter fallen. Schon 2025 könnte sich ihr Einsatz auch in Entwicklungsländern wie Mexiko rentieren. Die sozialen Folgen wären erheblich: Gerade in solchen Staaten arbeiten viele Niedrigqualifizierte, die man nicht so leicht umschulen kann. Andererseits könnten Maschinen bald auch Kinderarbeiter in indischen Textilfabriken ersetzen, heißt es in einer Studie der Internationalen Arbeitsorganisation.

Die künstliche Intelligenz macht ebenso rasche Fortschritte wie die Robotik. Computer sind mittlerweile in der Lage, die Architektur des menschlichen Gehirns in sogenannten neuronalen Netzen nachzuempfinden und eigenständig dazuzulernen. Wie rasch Maschinen schlauer werden, war Anfang des Jahres zu besichtigen, als ein Computer der Google-Tochter „Deepmind" den weltbesten Go-Spieler deklassierte. […]

Die Jobs der Zukunft

Was passiert nun, wenn Maschinen uns immer schneller und flächendeckender unsere Jobs wegnehmen? […]

Bei den Jobs der Zukunft sind der Fantasie keine Grenzen gesetzt. Alison Sander von der Boston Consulting Group glaubt, dass unter anderem folgende Berufsprofile bald an Beliebtheit gewinnen: Anti-Alterungs-Spezialist, Autor für Geschichten in virtuellen Realitäten, urbaner Landwirt, Haustier-Psychologe und natürlich alle Arten von Computer- und Software-Spezialisten, dazu Wartungs- und Reinigungsfachkräfte für Roboter. „Wired"-Autor Kelly sagt: „Wir werden in Zukunft danach bezahlt, wie gut wir mit Robotern zusammenarbeiten." Erik Brynjolfsson, Co-Autor von „The Second Machine Age" erwartet, dass sich künftig wesentlich mehr Menschen selbstständig machen werden. Gerade in den entwickelten Ländern dürften bald überall Produktionsstätten und riesige Informationspools verfügbar sein. Dadurch werde es einfacher, neue Geschäftsideen zu verwirklichen.

Andere Experten sind pessimistischer. Der Harvard-Professor und Ex-US-Finanzminister Larry Summers etwa erwartet, dass weit mehr Jobs verloren gehen als neue entstehen. „Arbeiter müssen immer besser qualifiziert sein, um nicht von Maschinen ersetzt zu werden", sagt auch sein Harvard-Kollege Gautam Mukunda. Die Ausbildung dafür sei teuer. Gut möglich, dass es sich bald nicht mehr rechne, Arbeitnehmer noch höher zu qualifizieren.

Glaubt man Summers und seinen Kollegen, dann könnte der Gesellschaft bald die Arbeit ausgehen. Die Folge davon müssten aber nicht zwangsläufig soziale Unruhen sein, sagt Buchautor McAfee. Zumindest dann nicht, wenn die Politik auf den Wandel geschickt reagiert.

Die Maschinen-Revolution habe einen entscheidenden Vorteil, sagt McAfee. Die Produktivität steige so stark an, dass sich die Gesellschaft bald deutlich stärkere soziale Netze leisten könne. Selbst ein bedingungsloses Grundeinkommen sei denkbar. Zumindest in diesem Szenario bräuchte der Mensch künftig kaum noch zu arbeiten, um seinen Lebensunterhalt zu finanzieren. Er hätte dann plötzlich sehr viel Zeit, sich mit sich selbst zu beschäftigen. Er müsste sich dann fragen, wozu er eigentlich auf der Welt ist. Es sei denn, er baut sich auch dafür eine Maschine. Einen Computer, der die Frage, was der Mensch ist, ein für alle Mal klärt.

Quelle: http://www.spiegel.de/wirtschaft/soziales/arbeitsmarkt-der-zukunft-die-jobfresser-kommen-a-1105032-druck.html (Stand: 02.08.2016)

Das Textverständnis klären

Methode	Sachtexte lesen und auswerten

Die Sachtexte, die du in der Prüfung bekommst, müssen von dir zunächst **gründlich gelesen** und **ausgewertet** werden. Arbeite mit dem Text:
- Lies zunächst die **Überschrift:** Worum geht es?
- Lies anschließend den ganzen Text. Unterstreiche oder markiere **wichtige Informationen** (Schlüsselbegriffe).
- Unterteile den Text in **Sinnabschnitte.** Gib jedem Abschnitt eine Überschrift.
- Nutze die Randspalte, notiere dort z. B. Überschriften und Fragen.

1 a Lies die Überschrift des Sachtextes von S. 12 f. Stelle Vermutungen an, worum es gehen könnte.

Es geht um _____

_____

b Lies nun den Text konzentriert und gründlich.
  Unterstreiche dabei Schlüsselwörter und aussagekräftige Textstellen mit Bleistift.
c Kreise unbekannte Begriffe ein und kläre ihre Bedeutung. Schreibe die Erklärungen in die Randspalte.

2 Der Autor hat seinen Artikel „Die Jobfresser kommen" in vier Sinnabschnitte eingeteilt.
  a Formuliere zu jedem Abschnitt eine Frage, auf die der Text eine Antwort gibt.
  b Fasse jeden Abschnitt in eigenen Worten zusammen.

Abschnitt 1: Frage: _____

Zusammenfassung: _____

_____

_____

Abschnitt 2: Frage: _____

Zusammenfassung: _____

_____

_____

Abschnitt 3: Frage: _____

Zusammenfassung: _____

_____

Abschnitt 4: Frage: _____

Zusammenfassung: _____

_____

3 Prüfe, welche Aussagen mit dem Sachtext „Die Jobfresser kommen" übereinstimmen. Kreuze an.

Aussage	trifft zu	trifft nicht zu	nicht genannt
Die Arbeit wird uns nicht ausgehen.	☐	☐	☐
Grundlegende Veränderungen in der Arbeitswelt sind nichts Neues.	☐	☐	☐
Kein Arbeitsplatz ist vor der Digitalisierung grundsätzlich sicher.	☐	☐	☐
In Indien sind billige Arbeitskräfte nach wie vor günstiger als der Einsatz von Robotern.	☐	☐	☐
Selbst Kundenberater in Versicherungen und Banken sind ersetzbar.	☐	☐	☐

4 **a** Nenne zwei Textstellen, welche die Aussage „Die Digitalisierung bringt uns Vorteile." belegen.

1 _____

2 _____

b Nenne zwei Textstellen, welche die Aussage „Die Digitalisierung bringt uns Nachteile." belegen.

1 _____

2 _____

5 Nenne drei Berufe, die nach Ansicht des Autors in Zukunft sehr gefragt sein könnten.

1 _____   2 _____   3 _____

6 „Übung macht den Meister", heißt ein Sprichwort.
a Was bedeutet das Sprichwort? Formuliere eine Erklärung.

_____

_____

_____

b Zu welcher Textstelle passt das Sprichwort? Begründe deine Auswahl in einem Satz.

_____

_____

7 Formuliere die Aussage aus Zeile 89 ff. in eigenen Worten:
„Die Produktivität steige so stark an, dass sich die Gesellschaft bald deutlich stärkere soziale Netze leisten könne."

_____

_____

8 Erkläre die folgenden Begriffe aus dem Textzusammenhang und ordne sie anschließend den Erklärungen zu.

A ☐ neuronale Netze   D ☐ bedingungsloses Grundeinkommen   G ☐ Chatbots

B ☐ virtuelle Realität   E ☐ Industrieroboter   H ☐ Ära

C ☐ Automatisierung   F ☐ künstliche Intelligenz   I ☐ IT

1 So bezeichnet man die Darstellung einer Welt, die vom Computer geschaffen ist. Diese neu geschaffene Welt gibt vor, dass man in dieser persönlich anwesend ist, und sie kann verschiedene Sinneseindrücke wie Geruch, Sehen, Geräusche und Berührungen darstellen.

2 Versuch, eine menschenähnliche Intelligenz nachzubilden, d.h. einen Computer zu bauen oder so zu programmieren, dass er eigenständig Probleme bearbeiten kann

3 die Idee, nach dem jeder Bürger – unabhängig von seiner wirtschaftlichen Lage – vom Staat ein gesetzlich festgelegtes und für jeden gleiches finanzielles Einkommen erhält, ohne dafür eine Gegenleistung erbringen zu müssen

4 bestimmter Zeitabschnitt in der Geschichte

5 Diese beziehen sich auf das menschliche Gehirn und bestehen aus mehreren Neuronen, die auch als Einheiten oder Knoten bezeichnet werden. In Informatik und Robotik werden deren Strukturen als künstliches neuronales Netz („künstliches Gehirn") nachgebildet.

6 Umstellungsprozess eines Unternehmens auf technische Fertigungsanlagen zur selbstständigen Produktion unter Ausschluss von menschlicher Arbeitskraft

7 Diese programmierbare Maschine wird dazu genutzt, Werkstücke zu bearbeiten oder zu montieren. Sie ist für den Einsatz im industriellen Umfeld gefertigt (z. B. bei der Fertigung von Automobilen).

8 clevere Programme, die automatisch mit uns Menschen kommunizieren können und mit denen man sich in natürlicher Sprache unterhalten kann

9 Abkürzung für Informationstechnik; Oberbegriff für die Informations- und Datenverarbeitung

9 Die Maschinen der Zukunft werden nicht nur Handgriffe erledigen, sondern das Denken lernen.

a Belege diese Aussage an drei Textstellen.

Zeile _____; Zeile _____; Zeile _____

b Erläutere diese Aussage mit deinen eigenen Worten.

_____

_____

10 Kreuze die richtige Antwort an.

Die Aussageabsicht des Textes ist es ...

A ☐ zu überzeugen.   B ☐ zu beschwichtigen.   C ☐ zu unterhalten.   D ☐ zu informieren.

11 Ein Zitat des griechischen Philosophen Aristoteles lautet:
„Wir können den Wind nicht ändern, aber die Segel anders setzen."
Nimm kurz Stellung: Was könnte dieses Sprichwort für unsere berufliche Zukunft bedeuten?

_____

_____

Eine Grafik untersuchen

- Stelle fest, worum es in der Grafik geht. Hat sie eine **Über-/Unterschrift?**
- Untersuche, was die Grafik darstellt, z. B. einen **Vorgang**, eine **Situation**, ein **Umfrageergebnis.**
- Prüfe, ob die Grafik **Farben, Beschriftungen, Symbole** oder **Abkürzungen** enthält, die du klären musst.
- Setze angegebene **Zahlen** zueinander **in Bezug**, z. B. Minimal- und Maximalwerte.
- Schreibe auf, **worüber die Grafik informiert.**

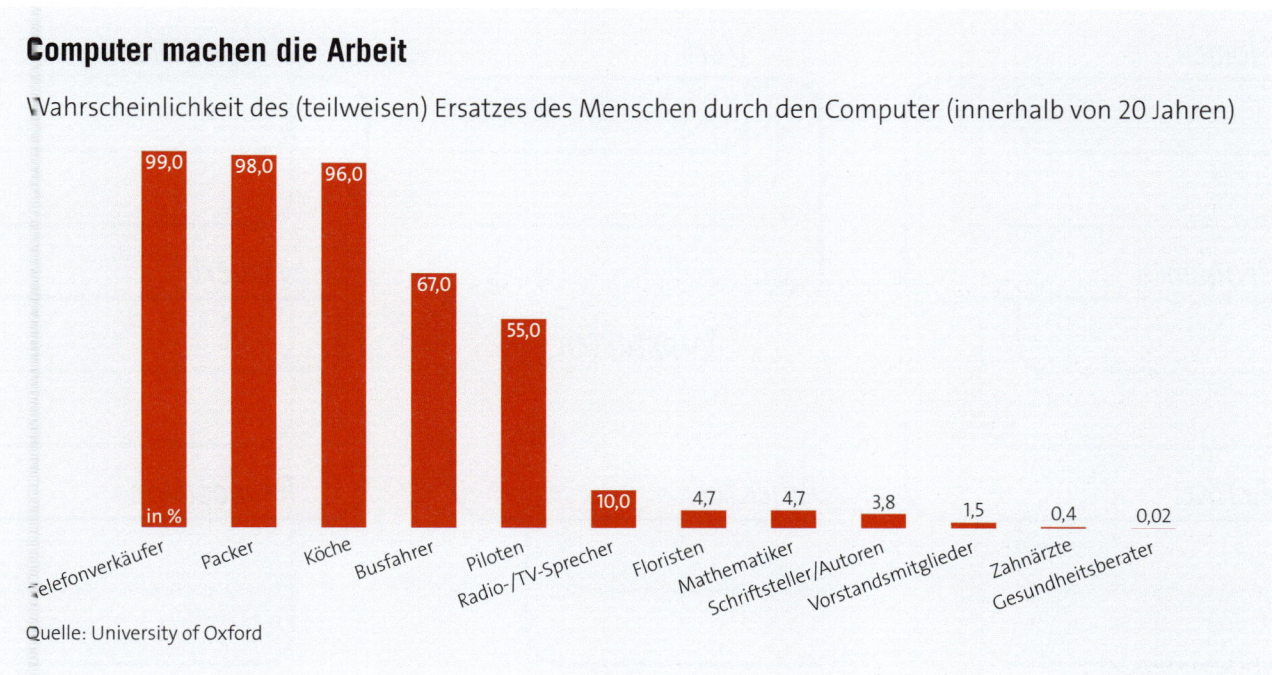

Computer machen die Arbeit

Wahrscheinlichkeit des (teilweisen) Ersatzes des Menschen durch den Computer (innerhalb von 20 Jahren)

Telefonverkäufer 99,0 in % · Packer 98,0 · Köche 96,0 · Busfahrer 67,0 · Piloten 55,0 · Radio-/TV-Sprecher 10,0 · Floristen 4,7 · Mathematiker 4,7 · Schriftsteller/Autoren 3,8 · Vorstandsmitglieder 1,5 · Zahnärzte 0,4 · Gesundheitsberater 0,02

Quelle: University of Oxford

1 Betrachte das Schaubild und werte es aus.

a Entscheide, ob die nachfolgenden Aussagen zutreffen oder nicht.
Kreuze an.

b Berichtige die falschen Aussagen in deinem Heft.

	richtig	falsch
A Es geht in der Grafik darum, wie wahrscheinlich es ist, dass die Arbeit der genannten Berufe in den nächsten 20 Jahren teilweise von Computern erledigt wird.	☐	☐
B Floristenarbeit wird in 20 Jahren wahrscheinlich zu 4,7 % teilweise von Computern erledigt werden.	☐	☐
C Nur noch 4,7 % der Mathematiker werden in 20 Jahren nicht durch Computer ersetzt worden sein.	☐	☐
D Die Arbeit des Zahnarztes wird mit ziemlicher Sicherheit auch in 20 Jahren nicht von Computern erledigt werden.	☐	☐
E 67 % aller Busse werden in 20 Jahren noch von Menschen gesteuert.	☐	☐
F Die Daten für diese Grafik wurden von der University of Oxford in einer Studie erhoben.	☐	☐
G Die Grafik bezieht sich auf eine Untersuchung der University of Oxford.	☐	☐

2 Nenne Aussagen aus dem Text „Die Jobfresser kommen", die durch das Schaubild belegt oder widerlegt werden. Begründe deine Zuordnung und notiere die Textstellen in deinem Heft.

Aufgaben zur Sprache lösen

Information	Aufgaben zum Sprachgebrauch

In diesem Aufgabenteil stellst du dein **Wissen über Sprache** (Sprachbetrachtung, Grammatik und Rechtschreibung) unter Beweis, auch anhand von Beispielen aus dem untersuchten Sachtext. Schau dir dazu auch die Infokästen im Grammatikteil (▶ S. 74 bis 78.) an.

1 Suche aus dem Text „Die Jobfresser kommen" jeweils <u>zwei Beispiele</u> für die in der Mindmap genannten Wortarten heraus. Trage die Beispiele in die Mindmap ein und gib auch die Zeile an, in der sie stehen.

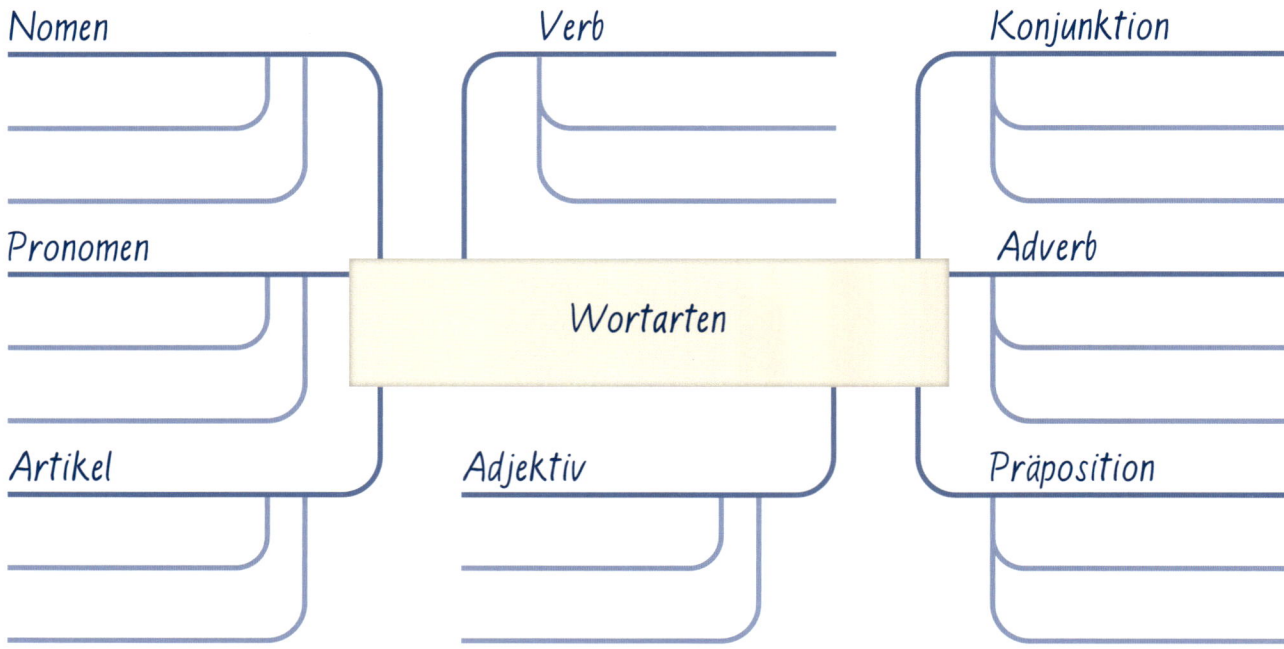

2 Bestimme in folgenden (Teil-)Sätzen jeweils die Zeitform des Verbs.

Zeitform

Eifrig fuhr der Roboter mit seiner neu erlernten Aufgabe fort. _____

Er hatte nur ein paar Sekunden gebraucht, diesen zu lernen. _____

Erik Brynjolfsson, Co-Autor von „The Second Machine Age" erwartet, _____

dass sich künftig wesentlich mehr Menschen selbstständig machen werden. _____

3 Setze die fehlenden Kommas in diesen Sätzen und begründe sie in deinem Heft mit der Kommaregel. **VORSICHT FEHLER!**

Hier auf dem Schrank liegt das Buch das ich so lange gesucht und ein halbes Jahr lang nicht gefunden habe. Die Römer verwendeten hölzerne Täfelchen für Notizen Rechnungen und anderes.

4 Formuliere folgenden Satz im Indikativ.

„Selbst ein bedingungsloses Grundeinkommen sei denkbar."

Stärken stärken: Einen Sachtext erschließen

Künstliche Intelligenz: Schlauer als wir?

Roboter sind von Computerprogrammen gesteuerte Apparate, die Menschen Arbeit abnehmen. Dabei ist ihre Konstruktion keineswegs immer dem Menschen nachempfunden. Industrieroboter bestehen oft nur aus einem Schwenkarm, der Werkzeug halten und benutzen kann. Staubsaug- und Rasenmähroboter rollen selbstständig ihrer Wege und Medizinrobo-
5 ter unterstützen Chirurgen bei Operationen. Sie übernehmen diejenigen Arbeiten, die monoton, gefährlich oder gesundheitsschädlich sind. Roboter sind von Computerprogrammen gesteuerte Apparate, die Menschen handwerkliche, motorische Arbeit abnehmen.
In Gegensatz dazu beschäftigt sich das Forschungsgebiet der *künstlichen Intelligenz* mit den Möglichkeiten, Maschinen zu entwickeln, die nicht nur vorprogrammierte Aktionen aus-
10 führen können, sondern die Fähigkeiten haben, selbstständig zu lernen, Entscheidungen zu treffen, mit unbekannten Situationen umzugehen und Probleme zu lösen. Erst diese Kompetenzen machen einen Roboter zu einem flexibel einsetzbaren Arbeitspartner, der sogar soziale Aufgaben übernehmen kann. Dass Maschinen allerdings irgendwann ein Bewusstsein entwickeln und Gefühle haben können, ist sehr fragwürdig. Vorerst geht es darum, sie
15 für Aufgaben fit zu machen wie Bild- und Gesichtserkennung, Übersetzungen, Recherchetätigkeiten und Textanalysen. Einige dieser Aufgaben erfüllen Computersysteme inzwischen besser und schneller, als Menschen es können. Ersetzbar machen sie uns dadurch aber noch lange nicht. In Intuition und Alltagskompetenz sind Menschen unschlagbar.

Quelle: https://www.zeitbild.de/arbeitderzukunft/; Seite 16/17

1 **a** Lies die Überschrift des kurzen Sachtextes. Stelle Vermutungen an, worum es gehen könnte.
b Lies nun den Text konzentriert und gründlich. Unterstreiche dabei Schlüsselwörter und aussagekräftige Textstellen mit Bleistift. Nutze die Randspalte für Überschriften von Abschnitten.

2 Entscheide mit Hilfe des Textes, ob folgende Tätigkeiten in den Bereich der Robotik oder der künstlichen Intelligenz fallen, und trage *R* oder *KI* in die Kästchen ein.

☐ Medizinische Scanner erkennen Hautkrebs in Gewebeproben.

☐ Roboter helfen in der Altenpflege beim Heben und Tragen von Patienten.

☐ Maschinen stanzen, schweißen und verschrauben Einzelteile im Automobilbau.

☐ Sogenannte „Chatbots" übernehmen Aufgaben von Sachbearbeitern bei Krankenversicherungen.

3 Berichte aus deinem eigenen Leben, wo du schon mit Robotern oder künstlicher Intelligenz in Berührung gekommen bist. Antworte in zwei bis drei vollständigen Sätzen in deinem Heft.

4 Wie kannst du die Schreibung der markierten Buchstaben in den folgenden Wörtern prüfen? Nenne jeweils eine Strategie oder Regel.

gesundheitsschädlich: _____   selbstständig: _____

vorprogrammiert: _____

5 Finde zu jedem angegebenen Wort einen anderen Begriff mit gleicher Bedeutung aus dem Text.

monoton (▶ Z. 5): _____   Kompetenzen (▶ Z. 10): _____

Stärken stärken: Einen Sachtext erschließen

Diese Arbeitnehmer haben künftig noch gute Chancen

Von Dorothea Siems

Roboter können harte und gefährliche Arbeit verrichten, Computer werden immer intelligenter, und das Internet durchdringt zunehmend mehr Wirtschaftsbereiche. Angesichts der rasanten Digitalisierung geht die Angst um, dass ein Großteil der Arbeitsplätze verschwinden wird. […] Die Organisation für wirtschaftliche Zusammenarbeit und Entwicklung (OECD) hält solche Prognosen zwar für stark übertrieben. Doch die Digitalisierung ändere die Welt der Arbeit grundlegend, heißt es in einer OECD-Studie.

Behauptung

Begründung

Automatisierungspotenzial hierzulande hoch

Von den hiesigen Arbeitnehmern haben rund zwölf Prozent nach Berechnungen der Ökonomen ein hohes Risiko, dass ihr Job infolge der Automatisierung wegfällt. Denn ihr Beruf besteht zu mehr als zwei Dritteln aus Tätigkeiten, die auch von Maschinen erledigt werden können. […] Generell gilt, dass Hochqualifizierte die Konkurrenz durch Maschinen weniger fürchten müssen als die Geringqualifizierten. Auch die Arbeitsorganisation spielt eine wichtige Rolle: Je wichtiger die Kommunikation mit anderen Kollegen oder Kunden ist, desto weniger kann der Arbeitsplatz wegrationalisiert werden. […]

Beleg

Die Polarisierung nimmt zu

Behauptung

Der technologische Wandel treibt neue Beschäftigungsformen voran. Immer mehr Menschen arbeiten flexibel und oft als Freischaffende. Mitunter machen sich Festangestellte selbstständig, um zum Beispiel als Grafikdesigner oder IT-Spezialist ihre Dienste anzubieten. „Die neuen Beschäftigungsformen bieten große Chancen für gute Einkommen und eine flexible Zeiteinteilung. Aber es gibt auch Risiken", sagt OECD-Expertin Monika Queisser. „Denn viele der neuartigen Jobs haben keinen sozialen Schutz."

Es gebe weder Gewerkschaften noch eine Unfallversicherung oder eine obligatorische Altersvorsorge. Manche Solo-Selbstständige seien prekär beschäftigt und kämen finanziell kaum über die Runden. Sie bekämen von den Banken keinen Kredit und hätten kaum die Möglichkeit zur Weiterbildung. Daneben gebe es gut verdienende Arbeitnehmer, die ihre Fähigkeiten nutzten und nach Feierabend noch lukrative Nebenjobs erledigen, sagt Queisser. „Der Arbeitsmarkt droht sich immer mehr zu polarisieren: auf der einen Seite die gut qualifizierten Arbeitnehmer, die vom Strukturwandel profitieren, und auf der anderen Seite die weniger gut Qualifizierten."

Viele Berufe lassen sich nicht ersetzen

Weiter zunehmen wird dagegen die Nachfrage nach Fachkräften mit mittlerer Qualifikation in Bereichen, in denen die Maschinen den Menschen keine Konkurrenz machen, wie etwa Physiotherapeuten und andere Gesundheitsberufe. Die besten Zukunftschancen versprechen indes Berufe, die ein hohes Maß an Kreativität und abstraktes Denken erfordern. Dies gilt etwa für Ingenieure oder Wissenschaftler. Auch kommunikative Tätigkeiten wie Verkaufstrainer oder Psychotherapeuten sind nicht ersetzbar. […]

Erschreckend viele IT-Analphabeten

In den meisten Berufen gibt es allerdings auch Routinetätigkeiten, die künftig effizient von Computern erledigt werden. Es hängt von der Anpassungsfähigkeit der Arbeitnehmer ab, ob sie von diesem Prozess profitieren oder nicht. Lebenslanges Lernen wird künftig eine große Rolle spielen müssen. Dabei wird auch Training am Computer nötig sein. Denn trotz des technologischen Wandels verfügen bislang laut OECD noch immer erstaunlich viele Erwerbstätige allenfalls über sehr geringe Computerkenntnisse. In Deutschland gilt dies immerhin für 56 Prozent der 15- bis 64-Jährigen. Sie seien oftmals nicht einmal in der Lage, eine E-Mail zu schreiben, sagt Queisser. […]

Quelle: https://www.welt.de/wirtschaft/article155468431/Diese-Arbeitnehmer-haben-kuenftig-noch-gute-Chancen.html
(Stand: 18.05.2016)

1 Lies nun den Text konzentriert und gründlich, indem du mit dem Text arbeitest.

2 Kreuze an, welche Positionen die Autorin von Text 2 zum Thema „Zukunft der Arbeit" einnimmt.
Drei Aussagen treffen zu.

A ☐ Die Autorin sieht in der Zukunft unserer Arbeit große Chancen.

B ☐ Die Autorin ist unentschlossen, ob Robotik, Automatisierung und künstliche Intelligenz Fluch oder Segen für die Zukunft der Arbeit bedeuten.

C ☐ Vor allem die Entwicklung der Robotik sieht sie als Gefahr für die Zukunft der Arbeit.

D ☐ Die Arbeitsmarktrevolution erachtet sie als Segen für die Menschheit.

E ☐ Die Autorin ist kritisch, bezieht aber keine klare Position zum Thema „Zukunft der Arbeit".

F ☐ Die Autorin ist der Meinung, dass uns die Maschinen die Arbeit wegnehmen werden.

G ☐ Die Autorin sieht hinsichtlich der Zukunft unserer Arbeit goldene Zeiten auf uns zukommen.

3 Die Digitalisierung wird die Welt der Arbeit grundlegend ändern, lautet eine Aussage im Text.
Belege die Aussage mit einer Textstelle. Gibt diese mit Zeile(n) an.

Zeile: _____

4 Frau Queisser sieht in der Digitalisierung Chancen für gute Einkommen und flexible Zeiteinteilung, aber auch Risiken. Wie begründet sie die Risiken? Schreibe in dein Heft.

5 Nenne zwei Bereiche, in denen sich die einzelnen Berufe nach ihrer Ansicht nicht ersetzen lassen.

1. Bereich: _____

2. Bereich: _____

6 Gib den für dich wichtigsten Gedanken im Text mit eigenen Worten wieder. Schreibe in dein Heft.

7 a Erkläre die Kommasetzung in folgendem Satz.
b Könnte man die Kommas auch anders setzen? Begründe.

„Roboter können harte und gefährliche Arbeit verrichten, Computer werden immer intelligenter, und das Internet durchdringt zunehmend mehr Wirtschaftsbereiche."

8 Nenne für die unterstrichenen Begriffe jeweils ein Wort oder einen Ausdruck mit ähnlicher Bedeutung.

Auch die Arbeitsorganisation spielt eine wichtige Rolle: Je wichtiger die Kommunikation mit anderen Kollegen

oder Kunden ist, desto weniger kann der Arbeitsplatz wegrationalisiert _____ werden.

Es hängt von der Anpassungsfähigkeit der Arbeitnehmer ab, ob sie von diesem Prozess profitieren _____

_____ oder nicht.

9 Erkläre die Großschreibung des fett gedruckten Wortes.

Dabei wird auch **Training** am Computer nötig sein.

Stärken stärken: Einen Sachtext erschließen

In der schlauen Fabrik?

Forschung – Die Technologie-Initiative SmartFactory KL e. V. am Deutschen Forschungszentrum für künstliche Intelligenz (DFKI) führt Forschungs- und Entwicklungsprojekte rund um Industrie 4.0 und die Fabrik der Zukunft durch. Dies geschieht hauptsächlich in der Industrie 4.0-Produktionsanlage, wo sich Forschung und Praxis treffen und gemeinsam neue Techniken entwickelt und getestet werden. Die Kernthemen der vierten industriellen Revolution sind die individuelle Fertigung mit hoher Variantenvielfalt und geringen Stückzahlen, die Erhöhung der Wandelbarkeit und Flexibilität von Anlagen und Prozessen sowie die umfassende Informationsbereitstellung für den Menschen.

Digital und Vernetzt – In einer Smart Factory sind alle Produkte, Maschinen und Orte miteinander über das Internet vernetzt. So werden alle Dinge und Prozesse digital abgebildet und können kontrolliert und gesteuert werden. Das virtuelle Modell eines realen Objektes nennt man digitaler Zwilling. Diese virtuellen Repräsentationen realer Objekte befinden sich im „Internet der Dinge". In Echtzeit tauschen sich reale und virtuelle Umgebung aus. Produkte werden mit einem Chip markiert, auf dem ihr Weg durch die Produktion gespeichert ist. So wandern die Fertigungsteile ohne menschliches Zutun durch die Produktionshallen und die Maschinen lesen auf dem Chip, welcher Arbeitsschritt zu tun ist. Von der Bestellung bis zur Auslieferung der Ware wird alles automatisch gesteuert. Die vernetzte Fabrik macht die Produktion flexibler und ermöglicht kleine Stückzahlen und individuelle Anfertigungen. Die Produktion wird schneller, effizienter und weniger fehleranfällig. Eine Smart Factory ist darüber hinaus auch ein Versuchslabor, in dem neue Techniken ausprobiert werden: Lernende Roboter, Maschinen, die sich durch Gesten steuern lassen, 3D-Drucker und die Nutzung weltweit verfügbarer Daten – dies sind nur einige der Trends, die in Zukunft an Bedeutung gewinnen werden.

Zurück nach Europa? – Flexible Produktion bedeutet, dass Bestellungen schnell verarbeitet und produziert werden müssen, ohne dass große Stückzahlen fertig gelagert werden können. Dies macht eine individuelle Produktion vor Ort notwendig, damit keine langen Lieferzeiten anfallen. Um die Kosten der Produktion in Europa niedrig zu halten, ist die Automatisierung der Fabriken essentiell. Das macht die deutsche Industrie auf dem Weltmarkt konkurrenzfähig und sichert Arbeitsplätze.

●●● **1** Die Fabriken der Zukunft müssten global wettbewerbsfähig sein. Benenne Zeilen, die diese Aussage belegen.

Zeile: _____

●●● **2** Du wirst gefragt, was eine „Smart Factory" ist. Beschreibe in deinem Heft mit drei bis vier Sätzen in deinen eigenen Worten, was es mit dem Fachbegriff auf sich hat. Verwende dabei den Begriff „Internet der Dinge".

●●● **3** Verbinde die folgenden Sätze in deinem Heft zu einem Satzgefüge. Verwende dabei einen Lokalsatz.

Diese virtuellen Repräsentationen realer Objekte befinden sich im „Internet der Dinge". In Echtzeit tauschen sich reale und virtuelle Umgebung aus.

●●●● **4** Nenne vier Adjektive aus dem Text, welche die Vorteile einer Smart Factory beschreiben.

_____, _____, _____, _____

●●● **5** Formuliere den Satz in deinem Heft so um, dass das Subjekt im Vorfeld steht.

In einer Smart Factory sind alle Produkte, Maschinen und Orte miteinander über das Internet vernetzt.

●●●● **6** Benenne das sprachliche Stilmittel in der Überschrift „In der schlauen Fabrik". _____

Teste dich!

Einen Sachtext erschließen

1   Um einen Sachtext zu verstehen, bearbeitest du ihn mit folgenden Schritten: (3 P.)

1 _____

2 _____

3 _____

2   Was wird in den Aufgaben von dir verlangt? Ordne zu. (5 P.)

Aussagen prüfen	geeignete Textstellen/Belege zum Beweis anführen
erklären	deine eigene Position zur Sache darstellen
belegen	eine Aussage daraufhin betrachten, ob sie gültig und stimmig ist
Stellung nehmen	eine Sache oder Zusammenhang mit eigenen Worten darstellen
beschreiben	eine Aussage / einen Sachverhalt schlüssig darstellen und verständlich machen

3   Vervollständige den Text zum Entschlüsseln von Grafiken. (6 P.)

Stelle fest, worum es in der Grafik geht. Hat sie eine _____ ?

Untersuche, was die Grafik darstellt, z. B. _____ .

Prüfe, ob die Grafik _____ , _____ oder _____

enthält, die du klären musst. Setze angegebene _____ zueinander in Bezug, z. B.

_____ und _____ . Schreibe auf, worüber die Grafik informiert.

4   Wandle die Sätze vom Aktiv in das Passiv um. (2 P.)

In einer Smart Factory vernetzt man alle Produkte, Maschinen und Orte miteinander über das Internet.

_____

Somit bildet man alle Dinge und Prozesse digital ab und kontrolliert und steuert sie.

_____

Vergleiche deine Ergebnisse mit dem Lösungsheft.

🙂 16–14 Punkte	😐 13–6 Punkte	🙁 5–0 Punkte
Gut gemacht!	Gar nicht schlecht, aber lies dir die Merkkästen auf den Seiten 14, 17 und 18 noch einmal genau durch.	Arbeite die Seiten 12–18 noch einmal sorgfältig durch.

Lektüre

1 Lies den folgenden Auszug aus Grit Poppes Roman „Weggesperrt".

Grit Poppe

Weggesperrt (Auszug)

*DDR 1988: Anjas Mutter stellt einen Ausreiseantrag aus
der DDR und wird daraufhin von der Stasi[1] verhaftet. Die
14-jährige Anja wird zunächst in ein Durchgangsheim
und später in einen Jugendwerkhof in Torgau, eine Ein-
richtung der Jugendhilfe[2], gebracht. Die Erzieher dort ge-
bieten mit Willkür[3], unter den Jugendlichen herrscht Ge-
walt und Gefühlskälte.*

Grit Poppe, Potsdam 2010

Es war ein rostroter Backsteinbau und Anja kam es so
vor, als hätte das Haus Zähne. Ihr Herz setzte einen
Moment aus, dann schlug es in rasendem Tempo weiter. *Gitter!* Vor jedem Fenster *Gitter!* Anja wandte den
5 Blick ab. *Also doch,* dachte sie. *Also doch.* Als sie aus
dem Wagen stieg, strauchelte sie und taumelte ein
Stück zur Seite. Ihr war plötzlich schwindlig. Der Fah-
rer griff nach ihrem Arm. Um ihr zu helfen? Um zu verhindern, dass sie davonlief?
Er packte hart zu, so hart, dass das Rot der Ziegelsteinmauer vor ihrem Blick ver-
10 schwamm. Sie hörte einen Schlüssel, der sich im Schloss drehte. Kam sie jetzt in
den Knast? Sie betrachtete ihre Füße, die mit ihr Schritt für Schritt liefen. Wohin?
Was passierte hier mit ihr? [...] „Neuzugang: Anja Sander." Der Fahrer knallte ihren
Personalausweis und ihr Sozialversicherungsheft auf den Tisch. Eine Frau mit
strohblonden Locken nickte flüchtig und nahm die Papiere, ohne aufzusehen. „Wie-
15 so?", fragte Anja. Die Frau streifte Anja mit einem gleichgültigen Blick. „Wieso
was?" „Wieso bin ich hier?" Die Frau zog die Augenbrauen hoch. Dann schnaubte
sie wie ein Pferd. Anja war sich nicht sicher, ob das ein Lachen sein sollte. [...] „Mädchen, das wirst du wohl besser wissen als ich, weshalb du hier stehst", sagte die Frau
vorwurfsvoll. Anja schüttelte zögernd den Kopf. Die Frau seufzte. Sie legte eine
20 leere Plastikhülle auf den Tisch. „Da kommen jetzt erst mal deine persönlichen
Sachen hinein", sagte sie. Anja rührte sich nicht. Sie starrte die Frau ungläubig an.
Sie war blass, so blass, als hätte sie das letzte halbe Jahr keinen einzigen Sonnen-
strahl abbekommen. „Nun mach schon! Uhr, Schlüssel, Kette, Portemonnaie ... Das
brauchst du hier alles nicht." [...] „Wieso?", fragte sie wieder. Die Frau schnaufte. „Ist
25 das zu fassen? Willst du gleich am Anfang Ärger machen? Du weißt wohl nicht, wo
du hier bist?!" Anja schüttelte den Kopf. „Wo bin ich?", fragte sie. Die Frau legte den
Hals schief wie ein Vogel, der auf Futter wartet, und musterte Anja. „Du weißt es
wirklich nicht, stimmt's? Ist wohl das erste Mal, was? Du bist in einem D-Heim,
Mädel. In einem Durchgangsheim der Jugendhilfe. Keine Sorge, das ist nur eine
30 Übergangsstation. Wie der Name schon sagt. Von hier geht es bald weiter für dich.
Hier wirst du nur zwischengelagert." Die Frau lachte. „Wohin ...?", fragte Anja und
schluckte. „Wohin soll ich gebracht werden?" Die Frau zuckte mit den Schultern.
„Das habe ich nicht zu entscheiden." [...]

---

1 Stasi = eigentlich „Ministerium für Staatssicherheit": Geheimdienst der DDR

2 Jugendwerkhof: Spezialheime für (im Sinne der DDR-Pädagogik) „schwer erziehbare" Jugendliche

3 Willkür: ein Verhalten, das Recht missachtet und an eigenen Interessen orientiert ist

„Mitkommen!" sagte die Frau. Sie ging eilig einen Flur entlang und Anja folgte ihr.
35 Es roch nach Chemie und der Boden glänzte feucht, als wäre er gerade geputzt
worden. Von irgendwo hörte sie Kinderstimmen. Gäbe es die Gitter nicht, man
könnte denken, es wäre ein Ferienlager, versuchte Anja sich zu beruhigen. Aber ihr
Herz sprach eine andere Sprache. Es wummerte in einem nervösen Takt. Sie press-
te die Sachen an sich, die ihr die merkwürdige Frau gegeben hatte: Nachthemd,
40 Bettzeug und Arbeitsanzug. Der Duft nach frischer Wäsche beruhigte sie etwas. Die
Frau blieb stehen, klimperte mit dem Schlüsselbund und schloss die Tür auf. Mit
einem Nicken bedeutete sie Anja einzutreten. Es war ein Schlafsaal. Anja blickte
von einem Doppelstockbett zum nächsten. In einer der Schlafstätten sah sie ein
Mädchen. Sie lag von ihnen abgewandt, mit dem Gesicht zur Wand und bewegte
45 sich nicht. Nur ihr Kopf war zu sehen, braune lockige Strähnen. Ansonsten gab es
in dem Zimmer nicht viel zu entdecken: Schränke, ein Eimer nahe der Tür.
Die Frau rüttelte an einem der Metallgestelle, als wollte sie prüfen, ob es stabil genug sei. „Hier wirst du schlafen. Untere Etage. Bau schon mal dein Bett. Aber ordentlich, ja? Schluderei dulden wir hier nicht!" Die Frau wandte sich zum Gehen.
50 „Frau Gabler, deine zuständige Erzieherin, wird gleich kommen und dich einwei-
sen." Anja nickte. Sie konnte es kaum erwarten, die komische Frau von hinten zu
sehen. Der Schlüssel drehte sich im Schloss. Anja stand einen Moment einfach nur
still da und hörte zu, wie sie eingeschlossen wurde. Wie ein Tier, das ausbrechen
kann, dachte sie. Wie ein Raubtier. Durch das vergitterte Fenster fiel etwas Licht.
55 Der Tag verabschiedete sich bereits. Anja war froh allein zu sein und fühlte sich
gleichzeitig alleingelassen. Wo war ihre Mutter jetzt? Wieso konnte sie nicht kommen und sie abholen? Jemand würde ihr doch sagen, wohin man Anja gebracht
hatte, oder? Sicher war alles nur ein Missverständnis. *Ein vollkommen idiotisches
Missverständnis.* [...]
60 Aber ihr normales Leben war vorbei. *Ein für alle Mal vorbei,* wie ihr plötzlich klar
wurde. Selbst wenn sie hier morgen wieder herauskam, würde nichts sein wie vorher. Sie war verschleppt worden, einfach so. [...] Verfrachtet in einen Käfig.

2 **Welchen Eindruck hast du nach dem Lesen? Notiere deine Gedanken oder auch Fragen.**

_____

_____

_____

_____

_____

_____

3 a Lies den Informationstext mit Informationen zum zeitgeschichtlichen Hintergrund des Romans.

Information – zeitgeschichtlicher Bezug zum Jugendroman „Weggesperrt"

Die Handlung des Jugendromans „Weggesperrt" spielt in der Deutschen De-
mokratischen Republik (DDR) im Jahre 1988. Deutschland war zu diesem
Zeitpunkt noch in zwei Staaten geteilt – die Bundesrepublik im Westen und
die DDR im Osten. Die Menschen in der DDR wurden von ihrem Staat über-
5 wacht und unterdrückt. Verantwortlich dafür war das Ministerium für
Staatssicherheit, das einen eigenen Geheimdienst unterhielt, die „Stasi". Politisch angepasste Bürger konnten in der DDR Karriere machen. Wer aber
dem Staat und seiner Überwachung kritisch gegenüberstand, wurde unterdrückt und teils verfolgt. Eine Ausreise oder Flucht aus der DDR in den Wes-
10 ten (z. B. in die Bundesrepublik) war kaum möglich. Wer dennoch einen Ausreiseantrag stellte oder bei der Flucht aufgegriffen wurde, dem drohten teils
harte Strafen, z. B. Berufsverbot oder Haft. Auch Angehörige mussten dann
mit Bestrafungen rechnen: Wie im Roman „Weggesperrt" wurden beispielsweise Kinder von Ausreisewilligen oder Flüchtigen in spezielle Heime, die so
15 genannten Jugendwerkhöfe, gebracht, in denen sie zu „Staatstreue" erzogen werden sollten.

Erst im Jahr 1989 mit dem Mauerfall befreiten sich die Bürger der DDR von
diesem Unrechtssystem.

b Worum geht es in dem Auszug? Setze die historischen Informationen in Bezug zum Romanausschnitt.
Vervollständige die folgenden Satzanfänge.

Ausgangspunkt der Geschichte ist, dass Anjas Mutter in der DDR ...

Die Stasi verhaftet Anjas Mutter aufgrund des Ausreiseantrags, weil ...

Anja wird in ein Durchgangsheim gebracht, in diesen Einrichtungen sollten ...

Jugendlichen drohten in den Jugendwerkhöfen ...

4 Kläre die Situation der Protagonistin Anja in dem Romanauszug.

  a Notiere am Rand des Textes deine Gedanken, Fragen und Kommentare.

  b Markiere in verschiedenen Farben, was du über die <u>äußere und innere Situation</u> der Protagonistin erfährst.

  c Vervollständige die nachfolgende Tabelle mit Hilfe deiner Markierungen und Kommentierungen.

Anjas Situation in den ersten Kapiteln von „Weggesperrt"	
äußere Situation	**innere Situation**
In welcher Situation befindet sich Anja?	Was denkt oder fühlt Anja (Erinnerungen, Gefühle, Hoffnungen, Befürchtungen ...)?
Wie kam es dazu?	
	In welcher Stimmung befindet sie sich?
Welche Figuren sind an der Situation beteiligt?	
	Welche Möglichkeiten hat sie?
Was hast du über diese Figuren erfahren?	

Stärken stärken: Einen persönlichen Brief schreiben

Methode	Einen persönlichen Brief aus Sicht einer literarischen Figur schreiben

Das Verfassen eines persönlichen Briefes aus der Sicht einer literarischen Figur hilft, ihre Situation besser zu verstehen. Gehe folgendermaßen vor:

- Kläre die **äußere Situation des Verfassers / der Verfasserin:** In welcher Lage befinden sich die Figuren?
- Kläre die innere Situation: Was denkt der Verfasser / die Verfasserin? Wie fühlt er/sie sich?
- Lege mit Blick auf die Schreibaufgabe **das Schreibziel** des Verfassers / der Verfasserin fest und mache das Anliegen deutlich.
- Nimm beim Schreiben **den Adressaten** des Briefes **in den Blick.**
- Versetze dich in die Situation der Figur und verwende ihre Sprache.
- Berücksichtige **formale Merkmale** des Briefes (Ort, Datum, Anrede, Grußformel, Schluss).
- Setze bewusst **sprachliche Stilmittel** wie Wiederholungen, rhetorische Fragen usw. ein. Vermeide die Nacherzählung.

●○○ **1** Anja vermisst ihre Mutter und fragt sich, was wohl mit ihr geschehen ist, wo sie jetzt ist.
Sie beschließt, ihr einen Brief zu schreiben ...

a Lege das Schreibziel / das Anliegen der Verfasserin fest.

In der aktuellen Situation will Anja ...

_____

Für die Zukunft verbindet Anja mit dem Brief die Hoffnung ...

_____

b Nimm den Adressaten in den Blick. Welche Fragen könnte Anja an ihre Mutter formulieren?
Was könnte die Mutter besonders interessieren? Schreibe in dein Heft.

●○○ **2** In einem persönlichen Brief aus Sicht einer literarischen Figur gibt man auch das Geschehen wieder.
Achte dabei darauf, in eigenen Worten zu formulieren. Gib die Aussagen der Frau aus Anjas Sicht in indirekter Rede wieder oder umschreibe sie. Ergänze die Satzanfänge.

> „Mädchen, das wirst du wohl besser wissen als ich, weshalb du hier stehst."

Die Frau bei der Heimanmeldung herrschte mich an, dass ich wohl ...

_____

_____

> „Keine Sorge, das ist nur eine Übergangsstation. [...] Von hier geht es bald weiter für dich. Hier wirst du nur zwischengelagert."

Sie eröffnete mir, dass das hier ...

_____

_____

„Bau schon mal dein Bett. Aber ordentlich, ja? Schluderei dulden wir hier nicht!"

Sie befahl mir ...

_____

_____

_____

3 Lies die folgenden Briefanfänge. Welcher Einstieg ist <u>inhaltlich und sprachlich passend</u> gestaltet, sodass er von Anja verfasst sein könnte? Begründe deine Ansicht. Deine Ergebnisse aus den Aufgaben 1 und 2 können dir helfen.

Briefanfang A:

Als ich das Heim erreichte, sah ich überall Gitter! Also doch, dachte ich. Also doch. Ich stieg aus dem Wagen und strauchelte. Mir war plötzlich so schwindelig. Der Fahrer nahm meinen Arm, allerdings blieb unklar, ob er mir helfen oder mich am Davonlaufen hindern wollte. Sein Zugriff erfolgte jedenfalls so hart, dass mir der Blick verschwamm. Ich konnte nur meine Füße betrachten, die Schritt für Schritt liefen – nur wohin? Mir war nicht klar, was hier mit mir geschah ... „Neuzugang: Anja Sander," blaffte der Fahrer bei der Heimanmeldung und knallte meine Papiere auf den Tisch ...

Briefanfang B:

Mama, du kannst dir kaum vorstellen, was ich erlebt habe: Nach der langen Fahrt, dem Hoffen und Bangen war die Ankunft im Durchgangsheim ein Schock! Gitter! ... überall Gitter! Oh mein Gott, das sah aus wie in einem Gefängnis! Ich verlor den Boden unter den Füßen ... alles lief ab wie in Trance. Gefühlstaub stolperte ich hinter dem Fahrer her, der mich mit knappen Worten bei der Pforte als Neuzugang anmeldete ... Alles hier war zackig, militärisch. Oh, Mama, alles hier machte mir so fürchterlich Angst! Aber es kam noch schlimmer ...

_____

_____

_____

_____

4 Formuliere nun einen persönlichen Brief Anjas an ihre Mutter (mindestens 150 Wörter).
Tipp: Versetze dich in Anja hinein und lege in dem Brief die Ereignisse der ersten Stunden im Durchgangsheim dar.

Ein ungefährer Richtwert für den geforderten Umfang von 150 Wörtern ist eine Seite Handschrift.

_____

_____

_____

_____

_____

_____

_____

Stärken stärken: Einen Dialog schreiben

Methode	Einen Dialog schreiben

Das Verfassen eines Dialogs zwischen zwei Figuren hilft, ihre Situation besser zu verstehen.
Beachte dabei Folgendes:

- Kläre die **äußere Situation des Verfassers / der Verfasserin:** In welcher Lage befinden sich die Figuren?
- Kläre die **innere Situation:** Was denkt die Figur? Wie fühlt sie sich?
- Schreibe den Dialog wie in einem Drama in wörtlicher Rede (ohne Anführungszeichen), ergänze Regieanweisungen in Klammern, z. B.:

  Frau Wieland *(packt Anja an den Schultern):* Hör mir zu!

  Anja *(erschrocken):* Sie machen mir Angst!

1 **Lies den folgenden Auszug aus „Weggesperrt".**

Grit Poppe

Weggesperrt (Auszug)

Anja lernt im Durchgangsheim unterschiedliche Erzieher kennen: herzlos-resolute, welche die Kinder schikanieren wie Frau Gabler, aber auch nette und verständnisvolle wie Frau Wieland. Als Anja in den Jugendwerkhof, die „Burg", verlegt wird, wird sie von Frau Wieland begleitet. Beim Abschied kommt es – entgegen der Vorschriften – zu einem persönlichen Moment:

Sicher, sie hätte Frau Wieland fragen können, wohin sie gebracht wurde, aber sie wusste nicht genau, ob sie die Antwort tatsächlich hören wollte. Ihr Schicksal war ohnehin besiegelt; über ihr Leben bestimm-
5 ten Leute, die sie nicht kannte und die sie nicht kannten. [...] Irgendwann bogen sie in eine Landstraße ein und fuhren über holpriges Kopfsteinpflaster. Die Gegend sah einsam und verlassen aus. Dichter Wald umgab sie. An Häusern kamen sie selten vor-
10 bei. [...]. [Tom] fehlte ihr. *Er fehlte ihr!* Sie vermisste auch Steffi und ihren kleinen Bruder, sie vermisste Gonzo und ihre lässige Art und vor allem vermisste sie ihre Mutter. Sie brachten sie immer weiter weg von ihr. Das fühlte sie deutlich. Immer weiter weg.
15 [...] „Landschaftlich ist es schön", brach Frau Wieland das Schweigen. „Die richtige Gegend zum Wandern." Schon gut, geben Sie sich keine Mühe. Ich weiß, dass Sie es hassen. Sie hassen, was Sie hier tun, nicht wahr? – Natürlich sprach Anja nicht aus,
20 was sie dachte. Sie erwiderte nur das Lächeln nicht. Früher oder später würde sie auf Wanderschaft gehen, da konnte Frau Wieland Gift drauf nehmen. Die Burg hatte keine Gitter, das bemerkte Anja sofort. [...] „Macht doch einen netten Eindruck, oder?", meinte
25 Frau Wieland erleichtert. Anja sah das Flehen in ih-

rem Gesicht und tat ihr den Gefallen: Sie nickte. Ihre Mundwinkel verzogen sich zu einem höflichen kleinen Lächeln. Das musste genügen. [...] Anja frage sich, ob das jetzt *die* Gelegenheit war, um nach dem Verbleib ihrer Mutter zu fragen. Aber die Erzieherin 30 sah irgendwie seltsam aus, verwirrt und blass, mit roten Flecken im Gesicht. Sie wirkte, als wäre sie nicht ganz bei sich. Anja bekam plötzlich das Gefühl, dass sie Frau Wieland trösten musste. Aber wie? „Passen Sie auf sich auf", sagte sie. Mehr fiel ihr 35 nicht ein. „Du auch, Anja. Pass gut auf dich auf. Hörst du? Du musst *vorsichtig* sein." Einen Moment sah es so aus, als wollte Frau Wieland noch etwas hinzufügen. Aber sie schien die richtigen Worte nicht zu finden ... 40

2 Lies den Textausschnitt erneut Satz für Satz. Sammle Ideen, was Anja und Frau Wieland in der Situation fühlen und denken könnten: Notiere die Gedanken und Gefühle in der Ich-Form:

Z.1–3: „Sie hätte Frau Wieland fragen können, wohin sie gebracht wurde, aber sie wusste nicht genau, ob sie die Antwort tatsächlich hören wollte."

> *Wo bringen sie mich hin? Ich habe so entsetzliche Angst! Die haben ja keine Ahnung, wie einsam man sich fühlt ...*

Z.10–14 „Tom fehlte ihr. [...] vermisste sie ihre Mutter. [...] Immer weiter weg."

Z.24 f. „Macht doch einen netten Eindruck, oder?', meinte Frau Wieland erleichtert."

Z.30–33 „Die Erzieherin sah irgendwie seltsam aus, verwirrt und blass, [...] Sie wirkte, als wäre sie nicht ganz bei sich."

3 Anja und Frau Wieland gehen viele Gedanken und Gefühle durch den Kopf.
Fasse in einem Cluster deine Ergebnisse aus Aufgabe 2 zusammen. Schreibe in dein Heft.

ist froh um Fr. Wielands Verständnis		hat Angst um Anja		...
	...		Frau Wieland	
Anja		...		zweifelt an ihrer Aufgabe
...	...			

4 Erstelle in deinem Heft einen Schreibplan nach folgendem Muster.
Notiere darin in Stichworten, wie sich das Gespräch entwickeln soll.

Ausgangssituation	Frau Wieland hat Angst um Anja.	Anja kommt verängstigt in der „Burg" an.
Verlauf	Frau Wieland bittet Anja, auf sich aufzupassen. ...	Anja vertraut ihr ihre Ängste an. ...
Schluss	...	...

5 Während Frau Wieland sich von Anja verabschiedet, wird ihr bewusst, was für ein Mädchen sie in der „Burg" abgeliefert hat. Sie macht sich Sorgen und sucht noch hastig die Möglichkeit zu einem heimlichen Gespräch. Formuliere einen Dialog (mindestens 150 Wörter), den Anja und Frau Wieland führen könnten. Schreibe in dein Heft.

> Nimm beim Schreiben eines Dialogs den **Blick der Figuren** ein. Wie stehen sie zueinander? Wie erleben sie die Situation? Notiere Gedanken und Gefühle. Formuliere Fragen und Ausrufe.

Stärken stärken: Einen inneren Monolog schreiben

Methode	Einen inneren Monolog schreiben

Ein **innerer Monolog** ist ein stummes Selbstgespräch einer Figur, z. B. in einer Konfliktsituation vor einer wichtigen Entscheidung. Gehe folgendermaßen vor:

- Schreibe aus der **Ich-Perspektive** und im **Präsens.**
- Bringe widersprüchliche **Gedanken und Gefühle** so zum Ausdruck, dass sie zu den Hinweisen im Text und zum Handlungsverlauf passen.
- Formuliere in Form von Gedanken, die teilweise aus **unvollständigen Sätzen** bestehen. Stelle **Fragen,** du kannst auch **Ausrufe** einbauen.
- Achte darauf, dass die **Sprache** des inneren Monologs **zur Figur passt.** Vermeide die Nacherzählung.

● ● ● 1 Lies den folgenden Auszug aus „Weggesperrt".

Grit Poppe

Weggesperrt (Auszug)

Anja gelingt die Flucht aus der „Burg". Sie sucht über Weihnachten Zuflucht bei der Familie ihrer Tante. Dort lernt sie ihren Cousin Kilian kennen, der seine Liebe zu Musik und Lyrik mit ihr teilt und ihr eine Feldpostausgabe mit Rilke-Gedichten schenkt. Weil die Polizei nach Anja fahndet, kommt es in der Familie zu Konflikten, schließlich informiert der Onkel die Polizei. Anjas Flucht ist beendet, sie wird zurück in die „Burg" gebracht und landet am Silvesterabend in der Arrestzelle.

Als das Jahr 1989 begann, saß Anja auf der Pritsche ihrer Arrestzelle und las im Schein der aufsteigenden Raketen Rainer Maria Rilke. Die Stimmen der Mädchen und Jungen drangen vom Hof her zu ihr.
5 [...] Anja hatte sich das schmale Lyrikbändchen in den Hosenbund geschoben und zum Glück kam Frau Dobel nicht auf die Idee, sie zu kontrollieren. Nachdem Anja ihren Schrank im Schlafsaal eingeräumt hatte, wurde sie von der Erzieherin ohne
10 große Erklärungen in die Zelle gebracht. „Hab ich dir doch erzählt, was mit Entweichern passiert", murmelte sie bloß. Es klang nicht hämisch, eher gleichgültig. Anja fragte sich, was Kilian sagen würde, wenn er sie so sehen könnte. Eingesperrt, mit Rilke
15 auf dem Schoß. [...] Anfangs fiel es ihr nicht leicht, die Gedichte zu lesen. Nicht nur, weil die Schrift klein war und das Licht, das durch das winzige vergitterte Fenster fiel, zu spärlich. Die Texte kamen ihr wie Rätsel vor, die sie erst allmählich entschlüsseln
20 konnte. Sie kannte einige Wörter nicht, die eine oder andere Zeile blieb ihr unverständlich, manche Gedichte las sie mehrfach, um sie zu verstehen. Dennoch bekam sie das Gefühl, nicht allein zu sein. Es fühlte sich so an, als würde Kilian in ihrer Nähe sitzen. Und auch die Sprache dieses Rilke wurde ihr 25 nach und nach vertrauter. Es gab Gedichte, die sie immer wieder las. Eines handelte von einem Panther, der in einem Käfig lebte. Sie konnte ihn vor sich sehen, wie er an den Gitterstäben vorbeilief, im Kreis und im Kreis ... Endlos. Vielleicht sein ganzes Leben 30 lang. [...]

Einmal erwachte sie mitten in der Nacht und wusste nicht, wo sie sich befand. Als es ihr wieder einfiel, konnte sie nicht mehr schlafen. Das Wort *Wieso* hämmerte in ihrem Kopf. *Wieso bin ich hier? Wieso* 35 sperren sie mich ein? *Wieso* passiert ausgerechnet mir das alles? *Wieso gerade ich?* Sie versuchte, die Fragen abzustellen, wie einen tropfenden Wasserhahn. Sie waren ihr lästig. Sie wollte schlafen, wenigstens ein paar Stunden. Sie wollte *Ruhe.* Aber sie blieb 40 wach.

2 Versuche, dich in Anja hineinzuversetzen. Was könnte in ihr vorgehen? In welcher Stimmung ist sie? Welche Rolle spielen die Flucht und ihre Beziehung zu Kilian?

a Markiere zunächst alle Stellen im Text, an denen deutlich wird, worüber Anja nachdenkt.

b Was geht in Anja vor? Übertrage die nachfolgende Mindmap in dein Heft und ergänze sie mit den passenden Textstellen aus deinen Markierungen.

Gedanken an Vergangenes

... _____

... _____

... _____

Stimmungen und Gefühle

_____ ...

_____ ...

_____ ...

Gedanken zur aktuellen Situation

... _____

... _____

Gedanken von Anja

... _____

Rainer Maria Rilke

Der Panter

Im Jardin des Plantes, Paris

3 Erläutere, welche Bedeutung das Rilke-Gedicht „Der Panther" für Anja haben könnte.

_____

_____

_____

_____

_____

_____

Sein Blick ist vom Vorübergehn der Stäbe
so müd geworden, dass er nichts mehr hält.
Ihm ist, als ob es tausend Stäbe gäbe
und hinter tausend Stäben keine Welt.

5 Der weiche Gang geschmeidig starker Schritte,
der sich im allerkleinsten Kreise dreht,
ist wie ein Tanz von Kraft um eine Mitte,
in der betäubt ein großer Wille steht.

Nur manchmal schiebt der Vorhang der Pupille
10 sich lautlos auf –. Dann geht ein Bild hinein,
geht durch der Glieder angespannte Stille –
und hört im Herzen auf zu sein.

4 Nachdem du herausgearbeitet hast, was Anja bewegt, formuliere daraus nun Gedanken, Befürchtungen oder Fragen, die Anja sich selbst stellen könnte. Trage sie in die Gedankenblasen ein.

5 In einem inneren Monolog verwendet man Ausrufe, um die Stimmung der Figur zu vermitteln. Formuliere passende Ausrufe, die Anja verwenden würde. Beispiel: *So eine Ungerechtigkeit! Verdammt!*

6 Ein innerer Monolog wird aus der Sicht des Protagonisten in der Ich-Form verfasst. Jannis hat das in seinem Entwurf nicht beachtet. Überarbeite den Text.

Ergänze möglichst auch **Ausrufe,** das macht den inneren Monolog lebendiger (▶ Aufgabe 5).

Jetzt liegt Anja auf der Pritsche in der Arrestzelle. Ihr stehen die Tränen in den Augen, ihre Gedanken schweifen immer wieder ab, sie hört im Hof die anderen ins neue Jahr feiern. Aber sie sitzt hier, einsam, eingeschlossen, verlassen ... Anja kann an nichts anderes denken. Ihr Onkel hat sie verraten! Ihre Tante konnte sie nicht verstehen! Sie sehnt sich so nach ihrer Mutter ... Wenn doch nur wenigstens Kilian bei ihr wäre ...

Jetzt liege ich hier auf der Pritsche in der Arrestzelle und diese verdammten Tränen stehen mir schon wieder in den Augen

7 Entscheide, mit welchen Gedanken du Anjas inneren Monolog beginnen möchtest. Mit welcher Überlegung könnte er schließen?

8 Wenige Tage zuvor hatte Anja noch Weihnachten mit den Verwandten erlebt, nun sitzt sie in der Nacht des Jahreswechsels einsam und fast hoffnungslos in der Arrestzelle. Ihre Erinnerungen und die Gedichte geben ihr Halt. Stell dir vor, wie Anja über ihre Situation nachdenkt. Formuliere dazu einen inneren Monolog (mindestens 150 Wörter). Schreibe in dein Heft.

Teste dich!

Einen persönlichen Brief aus Sicht einer literarischen Figur verfassen

1 Welche Merkmale haben die unterschiedlichen Schreibformen „innerer Monolog" und „persönlicher Brief"? Ordne die Kriterien aus dem Wortspeicher nach Form und Sprache richtig zu. Doppelte Zuordnungen sind möglich. (12 P.)

---Wortspeicher---

~~Ich-Form~~ • rhetorische Fragen • an niemanden direkt gerichtet • Anrede • direkt an jemanden gerichtet • Grußformel • Sicht des Absenders einnehmen • Ort • Empfänger mit einbeziehen • Datum • stummes Selbstgespräch • unvollständige Sätze

innerer Monolog		persönlicher Brief	
Form	**Sprache**	**Form**	**Sprache**
Ich-Form			

2 Überprüfe deinen selbst verfassten Brief aus Aufgabe 4, Seite 29 mit Hilfe der folgenden Checkliste. Gib dir für jeden berücksichtigten Aspekt der Checkliste einen Punkt. (8 P.)

Checkliste

Fit für eine Textbeschreibung?

	☺	☹
▪ Verwendest du eine passende Anrede für den Adressaten?		
▪ Formulierst du den Anlass und das Anliegen des Briefes deutlich?		
▪ Wird aus dem Text klar, welches Schreibziel du mit deinem Brief verfolgst?		
▪ Hast du Gefühle und Gedanken des Verfassers formuliert?		
▪ Beziehst du den Adressaten mit ein (z. B. mit Hilfe von Fragen)?		
▪ Passt die Sprache des Briefes auch zu der Figur?		
▪ Nutzt du sprachliche Mittel für die Gestaltung des Briefes (z. B. Ausrufe, rhetorische Fragen)?		
▪ Wurden die formalen Kriterien beachtet: Ort, Datum, Anrede, Brieftext, Grußformel?		

Vergleiche deine Ergebnisse mit dem Lösungsheft.

☺ 20–16 Punkte	☺ 15–8 Punkte	☹ 7–0 Punkte
Gut gemacht!	Gar nicht schlecht, aber lies dir den Merkkasten auf der Seite 28 genau durch.	Arbeite die Seiten 24–29 noch einmal sorgfältig durch.

Einen Prosatext beschreiben

Gertrud Schneller

Das Wiedersehen

Peters Hand zittert leicht, als er sie auf die Türklinke legt. Rascher als nötig geht er auf den hintersten, in der rechten Ecke des Cafés stehenden Tisch zu. Dann bleibt er stehen und sagt: „Ich wusste, dass ich dich
5 hier finden werde."
Der Angeredete blickt überrascht hinter dem großen Zeitungsblatt hervor. Als er Peter sieht, lässt er das Blatt fallen und ruft: „Du! Bist du schon wieder ..."
Das letzte Wort lässt er unausgesprochen. Aus Pie-
10 tätsgründen[1], wie der andere vermutet.
„Drei Jahre sind lange genug", meint Peter leise.
Jean nickt, rückt den Stuhl zurecht und heißt ihn Platz nehmen.
„Trinkst du einen Schwarzen[2]?"
15 „Gerne."
Der Kellner kommt. Sein Blick richtet sich suchend auf den Gast. Dann plötzlich scheint ein Erinnern auf sein Gesicht zu kommen.
„Der wusste es auch, nicht wahr?", sagt Peter.
20 „Ach", erwidert Jean, „Kellner wissen alles. Mach dir nichts daraus."
Sie schweigen. Dann sagt Peter leise: „Bist du noch immer auf der Bank?"
„Ja."
25 „Ich wusste es. So sicher, wie ich wusste, dich zu dieser Tageszeit hier beim Lesen der Zeitung antreffen zu können."
„Hast du schon Arbeit?", fragt der andere.
„Ja, ja. Dafür hat man gesorgt. Morgen kann ich be-
30 reits anfangen. Und du, du bist Prokurist[3] geworden, nicht wahr?"
Jean nickt.
„Ich würde es nie mehr tun", sagt Peter leise. „Nie mehr."
35 Jean nickt wieder.
„Wirst du wieder bei Frau Ruegg wohnen?"

„Nein. Ich wollte. Aber sie hatte alle möglichen Ausreden, als ich heute Morgen bei ihr vorbeiging. Die wirkliche Strafe, weißt du, die kommt erst jetzt."
„Nein, nein. Das ist es sicher nicht", sagt Jean rasch. 40
„Bedenke, es herrscht ein großer Zimmermangel."
Sie schweigen wieder. Jean zündet eine Zigarette an und spielt mit dem Blatt der Zeitung, während Peter nachdenklich in seinem Schwarzen rührt. Plötzlich blickt Jean auf die Uhr, ruft den Kellner und zahlt. 45
„Ich muss jetzt gehen. Verzeih, bitte. Mein Zug fährt in einer halben Stunde. Ich fahre für drei Wochen aufs Land. Meine langweilige Bronchitis, du weißt ja."
Peter wird blass. Auch der, denkt er bitter, auch der 50 hat Ausreden. Mein einziger Freund. Er gibt Jean die Hand und wünscht ihm gute Erholung. Obwohl er nicht an diese Reise und nicht an seine Erholung glaubt.
Peter sitzt nun allein am Tisch. Seine Rechte spielt 55 zitternd auf dem Blatt der Tageszeitung. Sein Blick ist gesenkt. Er sieht deshalb nicht, wie Jean sich bei der Tür entschlossen umwendet und auf den hintersten, in der rechten Ecke stehenden Tisch zusteuert. Erst als er dicht vor ihm steht, blickt er überrascht 60 auf.
„Hast du etwas vergessen?", fragt Peter.
„Ja. Ich habe vergessen, dir den Schlüssel zu geben."
„Den Schlüssel. Welchen Schlüssel?"
„Den Schlüssel zu meiner Wohnung. Du kannst, so- 65 lange ich weg bin, bei mir wohnen."

---

1 Pietät: Rücksichtnahme, Respekt

2 einen Schwarzen: Kaffee ohne Milch und Zucker

3 Prokurist: Firmenmitarbeiter mit umfangreichen geschäftlichen Handlungsvollmachten

Schritt 1: Den Prosatext verstehen

1 Lies den Prosatext „Das Wiedersehen" von Gertrud Schneller aufmerksam durch.
Notiere im Heft deine ersten Leseeindrücke und markiere anschließend Schlüsselwörter.

2 Kreuze an, welche Textsorte hier vorliegt, und begründe deine Wahl.

A ☐ Anekdote

B ☐ Parabel

C ☐ Fabel

D ☐ Kurzgeschichte

E ☐ Romanauszug

Es handelt sich um ...

_____

_____

_____

3 Kreuze die Aussage an, die das Thema des Textes treffend beschreibt.

A ☐ Die Geschichte handelt von einem Mann, der einem Bekannten seine Wohnung überlässt.

B ☐ Die Geschichte handelt von zwei Freunden, die gemeinsam eine Straftat begangen haben.

C ☐ Die Geschichte behandelt den schwierigen Neuanfang für einen ehemaligen Häftling.

D ☐ Die Geschichte beschreibt die Kommunikationsprobleme zweier Freunde.

4 Untersuche den Aufbau des Prosatextes.
a Gliedere den Text in Sinnabschnitte. Trage entsprechende Markierungen in den Text ein.
b Fasse den Inhalt der einzelnen Abschnitte als Überschrift oder in einem Satz zusammen.
   Schreibe im Präsens.

Z.1–5: Peter betritt das Café.

Z.6–_____: _____

Z.___ – ___: _____

Z.___ – ___: _____

Z.___ – ___: _____

Z.___ – ___: _____

Z.___ – ___: _____

Z.___ – ___: _____

5 In dem Prosatext gibt es einen Wendepunkt. Wo? Markiere diesen und begründe deine Entscheidung in deinem Heft.

6 Notiere, wie Ausgangssituation und Schluss gestaltet sind (offen/geschlossen), und erläutere knapp.

Ausgangssituation: _____

Schluss: _____

7 Ergänze den Lückentext über die zeitliche Gestaltung des Prosatextes. Verwende dabei folgende Fachbegriffe: Rückblenden, Erzählzeit, chronologisch, erzählte Zeit, Vorausdeutungen, Zeitdeckung.

Die _____ ist genauso lang wie die _____, d. h., es

liegt eine _____ vor. Der Text enthält keine _____

oder _____. Der Erzähler hält sich an die zeitliche Reihenfolge der Ereignisse,

erzählt also _____.

Information	Zeitgestaltung

Die **Erzählzeit** entspricht der Zeit, die **das Erzählen** der Handlung dauert.
Die **erzählte Zeit** entspricht der Zeit, die **die Handlung** in der Geschichte dauert.
Wenn Erzählzeit und erzählte Zeit übereinstimmen, spricht man von **Zeitdeckung**.
Ist die Erzählzeit länger liegt eine **Zeitdehnung** vor, ist die Erzählzeit kürzer, handelt es sich um eine **Zeitraffung**.
Die **Reihenfolge des Erzählens** kann dem zeitlichen Ablauf des Geschehens folgen (**chronologisches Erzählen**). Sie kann aber auch davon abweichen durch **Rückblenden** oder durch **Vorausdeutungen**.

8 Bestimme das Erzählverhalten, d. h. die Perspektive, aus der das Geschehen erzählt wird. Kreuze die zutreffende Aussage an.

A ☐ „Das Wiedersehen" wird aus der Sicht von Peter erzählt.

B ☐ In der Kurzgeschichte ist Jean der personale Erzähler.

C ☐ Das Geschehen wird aus der Sicht eines auktorialen Erzählers erzählt.

D ☐ Peter und Jean erzählen abwechselnd ihre Version des Wiedersehens.

Information	Erzählverhalten

Beim **auktorialen** Erzählen kennt der Erzähler die Gedanken und Gefühle aller Figuren und er kommentiert das erzählte Geschehen.
Beim **personalen** Erzählen wird aus der Sicht einer der Figuren erzählt oder wechselnd aus der Sicht mehrerer Figuren. Dies kann in der Ich- oder in der Er/Sie-Form geschehen.
Beim **neutralen** Erzählen erfährt der Leser nur die Außensicht.

9 Notiere, was der Leser über den Ort der Handlung erfährt.

_____

_____

10 Stelle die Überschrift in Bezug zum Inhalt und schreibe ein bis zwei Sätze zu ihrer Bedeutung für den Prosatext.

11 Untersuche die sprachliche und stilistische Gestaltung des Textes.
Achte z. B. auf Wortwiederholungen, auf die Verwendung von wörtlicher Rede und den Satzbau.
a Markiere im Text sprachliche Auffälligkeiten.
b Halte deine Ergebnisse in Stichworten fest. Berücksichtige dabei auch die Wirkung der sprachlichen Mittel.

Wortwiederholungen: *„Ich wusste ...": doppelte Bedeutung → Z.4, 25 usw.: Peters*

Wissen von alten Gewohnheiten; Z.19: ...

Nutzung von Adjektiven/Verben: _____

wörtliche Rede: _____

Auslassungen: _____

Information   **Die sprachlich-stilistische Gestaltung**

Mit Hilfe folgender Leitfragen lassen sich sprachlich-stilistische Auffälligkeiten herausarbeiten:
- Gibt es Besonderheiten im **Satzbau,** z. B. einfache, kurze Sätze (Parataxe) oder längere Sätze (Hypotaxe)?
- Enthält der Text **direkte/indirekte Rede?**
- Gibt es auffallende **Wortarten/Fremdwörter/Fachwörter?**
- Werden **sprachliche Bilder** (Personifikationen, Metaphern, Vergleiche) gebraucht?
- In welcher **Zeitform** wurde der Text verfasst?

---

12 a Nenne die Figuren. _____

b Was erfährst du über die Figuren?
Markiere in unterschiedlichen Farben Textstellen, die direkt und indirekt Informationen enthalten.

Information   **Figuren / Äußere und innere Handlung**

Die **Handelnden,** die in einer Geschichte vorkommen, nennt man **Figuren.** Man unterscheidet dabei **Haupt-figuren** (in der Literatur auch Protagonisten genannt) und **Nebenfiguren.**
Die **äußere Handlung** beschreibt das sichtbare Geschehen, den erzählten Ablauf von Ereignissen.
Die **innere Handlung** spielt sich in den Gedanken und Gefühlen der Figuren ab. Auf die Innensicht der Figuren kann man manchmal nur aus der Außendarstellung schließen (Mimik, Gestik, Körperhaltung).

---

13 Beschreibe die Verfassung der Hauptfigur am Anfang der Geschichte. Belege deine Aussage mit Textstellen.
Schreibe in dein Heft.

Stärken stärken: Figuren beschreiben

○○○ 1 **Ergänze die Tabelle zu den Figuren mit Hilfe deiner Markierungen im Text (vgl. Aufgabe 13 auf der Seite 39). Fehlende Angaben kannst du mit einem Strich kennzeichnen.**

	Peter	Jean
Aussehen	–	
äußere Handlung	*betritt das Café und nähert sich dem Tisch von Jean*	*erkennt Peter und bittet ihn, sich zu ihm zu setzen*
innere Handlung		

○○○ 2 **Kreuze an, welche Aussagen am besten die Beziehung der beiden Figuren beschreiben.**

A ☐ Die Figuren kennen sich nur flüchtig und begegnen sich zufällig in einem Café.

B ☐ Die früheren Freunde Peter und Jean haben sich durch einen Streit aus den Augen verloren.

C ☐ Jean ist ein echter Freund und hilft Peter bei seinem Neuanfang.

D ☐ Die Figuren scheinen alte Freunde zu sein und sich gut zu kennen.

E ☐ Peter ist ein Bekannter von Jean und hat noch etwas gut bei ihm.

○○○ 3 **Beschreibe nun die Figuren und ihre Beziehung in vollständigen Sätzen.**

Die Hauptfigur in der Geschichte ist Peter. Über Peter erfährt der Leser …

Neben Peter spielt

Die beiden verbindet

Peter erhofft sich von Jean

Am Ende erweist sich

Stärken stärken: Figuren charakterisieren

1 Der Schwerpunkt des Prosatextes liegt auf der Beziehung der beiden Figuren.

a Peter scheint seinen Freund gut zu kennen. Notiere hierfür drei Belege mit Zeilenangabe.

1. _____

_____

2. _____

_____

3. _____

_____

b Beschreibe in eigenen Worten, wie Jean auf das Wiedersehen mit Peter reagiert.

_____

_____

_____

_____

2 Erläutere mit Hilfe der folgenden Grafik, wer auf wen in dem Prosatext zugeht. Kennzeichne mit Pfeilen.

| Anfangssituation? | . |

| Ende? |

3 Für Peter scheinen die Reaktionen anderer Figuren Anspielungen auf seine Vergangenheit zu sein. Finde hierfür zwei Beispiele und notiere sie mit Zeilenangabe.

1. _____

_____

2. _____

_____

4 Setze nun den Hauptteil mit der Charakterisierung der Hauptfiguren fort. Im Mittelpunkt steht dabei die Beziehung der beiden Figuren Peter und Jean.

a Ergänze hierzu den folgenden Lückentext mit Hilfe des Wortspeichers.

> **Wortspeicher**
>
> Einzelheiten • überrascht • Z. 8 •
> Hauptfiguren • Satz • Angst • Äußerlichkeiten •
> innere Verfassung • Begrüßung

Über die beiden _____ erfährt der Leser nicht sehr viel. Auf eine Beschreibung von

_____ verzichtet Gertrud Schneller. Peter wird nach drei Jahren aus der Haft entlassen

und sucht seinen Freund Jean in einem Café auf. Zu Beginn der Kurzgeschichte erfährt der Leser durch die Beschrei-

bung von _____, wie es um Peters _____ bestellt ist.

5 „Peters Hand zittert leicht" heißt es in Zeile 1, ein Zeichen dafür, dass er unsicher und nervös ist, eventuell sogar

_____ vor dem Wiedersehen mit seinem Freund hat. Er scheint sich aber innerlich

einen Ruck zu geben und geht dann „rascher als nötig" auf den Tisch zu, an dem Jean sitzt. Für Peter scheint die

Situation unangenehm zu sein, denn er spricht Jean ohne _____ an. Jean reagiert auf

dieses Wiedersehen sehr _____: „Du! Bist du schon wieder ..." (_____).

10 Er führt den _____ nicht zu Ende, was darauf hinweisen könnte, dass ihm die Situation ebenfalls

unangenehm ist. Jean spricht nicht aus, was er denkt. Peters Vergangenheit möchte er lieber nicht ansprechen.

b Setze die Beschreibung der Beziehung fort. Verwende dazu auch deine Ergebnisse von Seite 40.

_____

_____

_____

_____

_____

_____

_____

_____

_____

_____

_____

_____

Schritt 2: Den Prosatext schriftlich beschreiben

Methode	Schreibplan für die Interpretation eines literarischen Textes

Aufbau

- Nenne in der **Einleitung** den Namen des Autors / der Autorin, den Titel, die Textsorte (z. B. Fabel, Kurzgeschichte), die Quelle (falls angegeben) und das Thema bzw. die Kernaussage des Textes. Formuliere dann in eigenen Worten eine kurze Inhaltsangabe.
- Lege im **Hauptteil** die Ergebnisse deiner Texterschließung dar und stütze alle Aussagen mit geeigneten Textbelegen (Zitaten). Je nach Aufgabenstellung solltest du eingehen auf:
  - Inhalt und Aufbau (Handlung chronologisch?),
  - Figuren und ihre Beziehungen zueinander,
  - Erzähler und Erzähltechnik,
  - sprachlich-stilistische Gestaltung,
  - Merkmale der jeweiligen Textsorte.

  Beschreibe am Ende des Hauptteils die Intention des Autors / der Autorin.
- Nimm am **Schluss** persönlich Stellung zum Text (z. B. Inhalt, Problem) oder bewerte persönlich.

Verfasse die Analyse im **Präsens** und drücke dich fachlich angemessen aus (Fachbegriffe).

---

1 Johanna hat eine Einleitung verfasst.

a Untersuche den Schülertext und notiere, welche Bausteine für eine vollständige Einleitung fehlen.

Der Text von Gertrud Schneller zeigt die Schwierigkeiten eines ehemaligen Häftlings, wieder in der Gesellschaft Fuß zu fassen.

b Schreibe die Einleitung verbessert auf. Schreibe in dein Heft.

2 Formuliere in eigenen Worten eine knappe Inhaltsangabe.

Peter betritt ein Café ...

Jean kehrt noch einmal um und ...

3 Im Hauptteil beschreibst du zunächst Aufbau und Inhalt des Prosatextes in einem zusammenhängenden Text. Verwende hierfür deine Ergebnisse von Aufgabe 4, Seite 37. Nutze die Formulierungshilfen. Schreibe in dein Heft.

> Formulierungshilfen
>
> Der Leser wird unvermittelt mit dem Satz ... / Die Kurzgeschichte beginnt ... •
> Im zweiten Erzählschritt (Z. x–y) begrüßt ... / Der dritte Abschnitt von Z. x–y beschreibt ... •
> Anschließend ... / Im darauffolgenden ...

4 Die Autorin veranschaulicht die Beziehung zwischen den beiden Hauptfiguren durch die Verwendung besonderer sprachlicher Mittel und Besonderheiten im Satzbau.
Ordne die folgenden Zitate aus dem Prosatext der jeweiligen Deutung zu.

„Trinkst du einen Schwarzen?" (▶ Z. 14)
„Gerne." (▶ Z. 15)

„Du! Bist du schon wieder ..." (▶ Z. 8)

„Jean zündet eine Zigarette an und spielt mit dem Blatt der Zeitung, während Peter nachdenklich in seinem Schwarzen rührt." (▶ Z. 42–44)

Um das nonverbale Verhalten der Figuren zu beschreiben, benutzt die Autorin Satzgefüge.

Kurze Dialoge kennzeichnen die Unsicherheit von Peter und Jean.

Mit der Auslassung wird deutlich, dass Jean nicht ausspricht, was er wirklich denkt.

5 Der „Schlüssel" am Ende der Geschichte hat eine metaphorische Bedeutung.
Erläutere diese mit eigenen Worten.

Bei dem Stilmittel der **„Metapher"** erhält ein Begriff eine Bedeutungsübertragung, d. h., er wird in einem neuen Zusammenhang gebraucht.

_____

_____

_____

_____

_____

6 Gertrud Schnellers Text ist eine Kurzgeschichte und weist typische Merkmale auf.
Notiere jeweils in Stichworten Belege (mit Zeilenangabe) für das jeweilige Merkmal.

unmittelbarer Beginn:

_____

bedeutsame Situation im Leben eines Menschen:

_____

unerwartete Wende:

_____

offener Schluss:

_____

einfache, alltägliche Sprache:

_____

Schritt 3: Den Schluss schreiben

Information	Intention

Untersucht man die **Intention** in einem Prosatext, fragt man danach, was der Text bewirken möchte: Will der Text **appellieren, unterhalten, belehren?**

1 **a** Kreuze an, welche Intention/Absicht die Kurzgeschichte verfolgt.

A ☐ unterhalten

B ☐ informieren

C ☐ nachdenklich stimmen

D ☐ warnen

E ☐ belehren

F ☐ kritisieren

Es sind mehrere Lösungen möglich!

b Schreibe begründet auf, was die Kurzgeschichte zum Ausdruck bringen will.

_____

_____

_____

_____

2 Schließe deine Textinterpretation mit einer kurzen Stellungnahme ab.
Du kannst dabei auf deine ersten Leseeindrücke (▶ Aufgabe 1, S. 37), die Kernaussage (▶ Aufgabe 3, S. 37) und deine Vermutungen zur Deutung (▶ Aufgabe 1 oben) zurückgreifen. Verwende Formulierungen aus dem Tippkasten.

_____

_____

_____

_____

Meiner Ansicht nach ...
Meiner Meinung nach wird in dem Prosatext ...
Ich finde die Kurzgeschichte ...
Auf mich wirkt der Text ...

3 Formuliere nun eine vollständige Interpretation in deinem Heft. Beachte den Schreibplan auf Seite 43 und verwende alle Ergebnisse deiner Textuntersuchung von Seite 37–45.

Schritt 4: Die Textbeschreibung überarbeiten

Die Kommunikation zwischen Jean und Peter verläuft nicht ohne Schwierigkeiten. <u>Das sieht man in Zeile 22 und in Zeile 42.</u> Dies deutet auf die Unsicherheit der beiden Figuren im Umgang miteinander hin. Wahrscheinlich trauen sich die beiden Figuren nicht auszusprechen, was sie wirklich denken. Ein weiteres Missverständnis in der Kommunikation findet sich später im Text. Jean zahlt plötzlich, weil er seinen Zug nicht verpassen möchte. Peter empfindet das als Ausrede und fühlt sich von Jean im Stich gelassen. „Auch der, denkt er bitter, auch der hat Ausreden" (Z. 50–51). Diese Enttäuschung lässt sich Peter aber nicht anmerken. Er spricht nicht aus, wie er sich in diesem Moment fühlt. Er verabschiedet sich von Jean und „wünscht ihm gute Erholung". Nur eine kleine Geste verrät, dass er innerlich wohl sehr betroffen war.

fehlende Textbelege

1 Überarbeite den Auszug aus einer Schülerarbeit.
   a Markiere im Text fehlerhafte Stellen.
   b Notiere in der Randspalte Hinweise für die Überarbeitung.
   c Schreibe den überarbeiteten Abschnitt richtig auf.

2 Überarbeite deine eigene Textbeschreibung mit Hilfe der Checkliste auf S. 47.

Teste dich!

Einen Prosatext beschreiben

Wolfdietrich Schnurre

Beste Geschichte meines Lebens (1978)

Beste Geschichte meines Lebens. Anderthalb Maschinenseiten vielleicht. Autor vergessen; in der Zeitung gelesen. Zwei Schwerkranke im selben Zimmer. Einer an der Türe liegend, einer am Fenster. Nur der am Fenster kann hinaussehen. Der andere keinen größeren Wunsch, als das Fensterbett zu erhalten. Der am Fenster leidet darunter. Um den anderen zu entschädigen, erzählt er ihm täglich stundenlang, was draußen zu sehen ist, was draußen passiert. Eines Nachts bekommt er einen Erstickungsanfall. Der an der Tür könnte die Schwester rufen. Unterlässt es; denkt an das Bett. Am Morgen ist der andere tot; erstickt. Sein Fensterbett wird geräumt; der bisher an der Tür lag, erhält es. Sein Wunsch ist in Erfüllung gegangen. Gierig, erwartungsvoll wendet er das Gesicht zum Fenster. Nichts; nur eine Mauer.

1 Lies den Prosatext mehrmals. Welche Aussage trifft am besten das Thema des Textes? (1 P.)

In dem Prosatext „Beste Geschichte meines Lebens" von Wolfdietrich Schnurre geht es ...

A ☐ um zwei schwerkranke Männer, die gemeinsam ein Krankenzimmer teilen.

B ☐ um unterlassene Hilfeleistung in einem Krankenhaus.

C ☐ um Menschen in Extremsituationen und ihre unterschiedlichen Verhaltensweisen.

D ☐ um den Neid eines Kranken auf seinen Bettnachbarn.

2 Stelle einen Zusammenhang zwischen dem Titel und dem Inhalt des Textes her. Schreibe in dein Heft. (2 P.)

3 Benenne das zugrunde liegende Erzählverhalten und begründe deine Wahl in deinem Heft. (2 P.)

4 Verfasse nun eine vollständige Textinterpretation zu Wolfdietrich Schnurres Kurzgeschichte „Beste Geschichte meines Lebens". Nutze die Ergebnisse aus den Aufgaben 1–3. Überarbeite deinen Text mit Hilfe der Checkliste. (10 P.)

Checkliste ✔

Fit für eine Textbeschreibung?
🙂 ☹

- Enthält deine **Einleitung** alle wichtigen Informationen?
- Gibst du zunächst kurz den **Inhalt** wieder?
- Beschreibst du im **Hauptteil** den **Textaufbau**?
- Setzt du den **Inhalt** in Bezug zu **sprachlichen Besonderheiten** und zum Aufbau?
- **Belegst** du deine Aussagen mit **Beispielen aus dem Text**?
- Erläuterst du **zum Schluss die Intention der Autorin / des Autors** und nimmst **begründet Stellung**?

Vergleiche deine Ergebnisse mit dem Lösungsheft.

🙂 15–10 Punkte	🙂 9–5 Punkte	☹ 4–0 Punkte
Gut gemacht!	Gar nicht schlecht, aber lies dir die Merkkästen auf den Seiten 38–45 noch einmal genau durch.	Arbeite die Seiten 36–46 noch einmal sorgfältig durch.

Ein Gedicht beschreiben

Für eine Gedichtinterpretation ist es zunächst wichtig zu verstehen, wovon das Gedicht handelt und wer darin spricht. Leitfragen sind dabei:

- **Worum geht es** in dem Gedicht? Wird eine Handlung, eine Situation beschrieben oder werden Gefühle, Eindrücke, Gedanken oder eine Stimmung dargestellt?
- Was bedeutet der **Titel** des Gedichts? Welchen Bezug hat er zum Gedicht?
- Gibt es einen **lyrischen Sprecher** (lyrisches Ich/Wir) oder ist dieser im Text nicht direkt greifbar?
- Wendet sich das Gedicht an einen **Adressaten** oder eine **Adressatin**?

Schritt 1: Den Inhalt eines Gedichts erschließen

Rose Ausländer	Reimform	Notizen
Noch bist du da (1981)		*Zeitadverbien, Gegensatz*

Wirf deine Angst
in die Luft

Bald
ist deine Zeit um
5   bald
wächst der Himmel   *Personifikation*
unter dem Gras
fallen deine Träume
ins Nirgends

10   Noch
duftet die Nelke
singt die Drossel
noch darfst du lieben
Worte verschenken
15   noch bist du da

Sei was du bist
Gib was du hast

Zeitadverbien, Gegensatz (neben Zeile 3/5)

Rose Ausländer, geboren am 11. Mai 1901 in Czernowitz, Österreich-Ungarn, gestorben am 3. Januar 1988 in Düsseldorf. Sie studierte ab 1919/1920 Literaturwissenschaft und Philosophie. Ausländer schrieb Gedichte und lebte in den USA, Österreich-Ungarn und Deutschland. Als Jüdin kam sie unter der Besetzung durch die Nazis (1941–1944) ins Getto und überlebte dort in einem Kellerversteck. Sie übersiedelte 1965 in die Bundesrepublik, reiste viel und lebte von 1970 bis 1988 im Altenheim der jüdischen Gemeinde in Düsseldorf. Die letzten zehn Jahre ihres Lebens war sie bettlägerig.

1   Arbeite mit dem Stift am Text.
- **a** Notiere nach dem ersten Lesen des Gedichts von Rose Ausländer spontan deine Eindrücke.
- **b** Markiere auffällige Wörter oder Wortgruppen und mache dir Notizen zu deren möglicher Bedeutung.

2   Lies die Überschrift des Gedichts. Notiere deine Gedanken.

3   Halte neben dem Text alles fest, was dir beim weiteren intensiven Lesen auffällt. Ergänze hierzu die ersten Notizen. Verfahre mit allen Strophen entsprechend.

4   Gib kurz den Inhalt jeder Strophe wieder. Schreibe in dein Heft.

5 **Welche der angebotenen Lösungen geben den Inhalt zutreffend wieder? Kreuze an.**

☒ Das Gedicht ist ein Aufruf an den Leser, sein kurzes Leben intensiv zu leben.

☒ Es geht um das Leben angesichts des nahen Todes.

☐ In dem Gedicht sollen junge Leser aufgerufen werden, ihre Ängste zu überwinden.

☐ Es handelt von einem lyrischen Ich, das versucht, seine Depression zu überwinden.

☒ Das Gedicht ist ein Aufruf, das Leben bewusst wahrzunehmen.

☐ Das Gedicht ist eine Hymne an das Leben.

☒ Es geht darum, dass wir uns der Endlichkeit unseres Lebens bewusst werden sollen.

6 **Untersuche den Sprecher und den Adressaten. Notiere in deinem Heft.**

a **Markiere zunächst alle Personalpronomen im Text.**

b **An wen wendet sich das lyrische Ich?**

c **Stelle abschließend Vermutungen an, in welcher (Lebens-)Situation sich das lyrische Ich befinden könnte. Beziehe die Hintergrundinformationen über die Autorin ein. Notiere Textbelege.**

> Der Ausdruck **lyrisches Ich** bezeichnet den fiktiven Sprecher oder die Stimme eines Gedichts (Lyrik).

> Eine **rhetorische Frage** erwartet vom Gegenüber keine Antwort, sondern unterstellt, dass die Antwort auf der Hand liegt.

Schritt 2: Sprache und Form des Gedichts untersuchen

Methode	Ein Gedicht untersuchen

In einem zweiten Schritt untersuchst du den formalen Aufbau und die sprachlichen Mittel.

Formaler Aufbau
- Ist das Gedicht in **Strophen** (regelmäßig/unregelmäßig) und **Verse** gegliedert?
- Ist das Gedicht gereimt? Liegt eine besondere **Reimform** vor?
- Ist ein **Metrum** erkennbar (z. B.: Jambus, Trochäus, Daktylus)? Gibt es Abweichungen?

Sprachliche Mittel
- Welche **sprachlichen Bilder** (Metaphern, Personifikationen, Vergleiche) werden verwendet?
- Liegen besondere **Stilfiguren** vor, z. B.: Alliteration (Wiederholung von Anfangsbuchstaben), Parallelismus (paralleler Satzbau) oder Anapher (Wiederholung von Wörtern am Versanfang)?
- Welche Wörter oder Wortarten fallen auf? Gibt es **Wörter, die wiederholt** werden?

1 **Untersuche, welche formalen Gestaltungsmittel das Lied aufweist.**

a **Notiere Strophen- und Verszahl, indem du den folgenden Lückentext ergänzt.**

Das Gedicht besteht aus _____ Versen und kann in _____ Strophen bzw. Sinnabschnitte eingeteilt werden.

Strophe _____ und _____ rahmen eine aus _____ und eine aus _____ Versen bestehende Strophe ein.

b **Was kannst du zum Reimschema feststellen?**

_____

_____

2 Erschließe Sprache und Stil im Gedicht.

  a Markiere in der folgenden Liste die sprachlichen Mittel, die im Gedicht zu finden sind, und kennzeichne die Stellen am Text.

  > Wortspeicher
  >
  > Übertreibung • Metapher/Personifizierung • Verneinung • Alliteration • Wiederholung • Parallelismus • Klimax/Höhepunkt • Gegensatz • Lautmalerei • Aufzählung • rhetorische Frage • Verallgemeinerung • Anapher • Antithese • Aufruf

  b Lege im Heft eine Übersicht nach folgendem Muster an und notiere darin Textbelege (mit Versangabe). Benenne die Auffälligkeit oder das Stilmittel. Beschreibe auch ihre Wirkung.

Textbeleg	Stilmittel/sprachliches Bild	Funktion und Wirkung (Deutung)
„wirf deine Angst in die Luft" (V.1+2)	Metapher Aufruf	Aufruf an den Leser/sich selbst, frei zu werden, das Leben zu genießen
„Bald ist deine Zeit um" (vgl. V.3+4)		
„fallen deine Träume ins Nirgends" (V.8/9)		

3 Die Sprache eines Gedichts ist immer in Verbindung mit dem Inhalt zu sehen.

  a Suche den passenden Textbeleg (A und B) bzw. benenne das Stilmittel (B und C).

  b Formuliere anschließend die inhaltliche Aussage der jeweiligen Textstelle in eigenen Worten.

> Formuliere den Inhalt immer in **eigenen Worten!** Wörtliche Übernahmen musst du als Zitate mit Anführungszeichen kennzeichnen.

A „wirf deine Angst in die Luft" (V.1+2)   sprachliches Mittel: _Personifikation_

Inhalt: _____

_____

_____

B „Bald ist deine Zeit um" (V.3+4)   sprachliches Mittel: _____

Inhalt: _____

_____

_____

C „fallen deine Träume ins Nirgends" (V.8+9) _____

sprachliches Mittel: _____

Inhalt: _____

_____

_____

3. Schritt: Eine Gedichtbeschreibung verfassen

Methode	Schreibplan für eine Gedichtinterpretation

Aufbau:

- In der **Einleitung** nennst du die Art des Textes, den Titel, den Namen des Autors / der Autorin, ggf. Hintergrundinformationen zum Autor, das Entstehungsjahr und das Thema des Textes / die Kernaussage.
- Im **Hauptteil** fasst du die wichtigsten **Ergebnisse deiner Analyse** in einer geordneten Reihenfolge zusammen: Beginne mit einer kurzen Inhaltsangabe (am besten Strophe für Strophe). Beschreibe dann den **formalen Aufbau** des Gedichts (Strophen, Verse, Reimform, Metrum) und die **sprachlichen Gestaltungsmittel**. Erläutere die Funktion und die Wirkung der Gestaltungsmittel.
- Fasse zum **Schluss** die **Gesamtaussage** des Gedichts zusammen oder beschreibe, wie das Gedicht auf dich **wirkt** oder wie es dir gefällt.

Die Textinterpretation steht immer im **Präsens**.

Die Einleitung schreiben

1 Untersuche den Aufbau der Einleitung. Markiere wichtige Informationen im Text und benenne sie.

	Anmerkungen
„Noch bist du da" von Rose Ausländer	
Das Gedicht „Noch bist du da" von Rose Ausländer ist ein modernes Gedicht, das	*Textsorte, Titel,*
einem Lobgesang auf das Leben ähnelt. Das vorliegende Gedicht erschien 1981, zu	
dieser Zeit lebte die gesundheitlich eingeschränkte Rose Ausländer bereits im	
Altenheim der jüdischen Gemeinde in Düsseldorf. Es ist daher vorstellbar, dass das	
Gedicht „Noch bist du da" entstanden ist, weil sich Rose Ausländer mit dem für	
sie näher rückenden Tod auseinandergesetzt hat.	

Den Hauptteil schreiben

1 Zu Beginn des Hauptteils fasst du den Inhalt des Gedichts zusammen.
Gehe Strophe für Strophe vor und nutze deine Arbeitsergebnisse aus den Aufgaben auf den Seiten 48 bis 50.

Die erste Strophe des Gedichts

> Formuliere die **Inhaltsangabe** einer Textbeschreibung immer in knapper, sachlicher Sprache. Verwende eigene Worte, denke an die indirekte Rede und schreibe im Präsens.

2 Anschließend folgt eine kurze Beschreibung des formalen Aufbaus des Gedichts.
Ergänze den folgenden Lückentext. Nutze hierzu deine Ergebnisse aus Aufgabe 1, Seite 49.

Das Gedicht besteht aus _____

_____ .

Strophe _____ und _____ rahmen eine _____

_____ . Es weist _____ Reime auf, die Verslängen

5 sind mit _____ bis _____ Wörtern kurz und _____ . Satzzeichen

_____ , wodurch ein _____ Vortrag möglich wird.

Die Strophen eins und vier bestehen aus _____ , sodass das Gedicht einen

_____ bekommt: „Wirf …" (▶ V.1), „Sei …" (▶ V.16), „Gib …" (▶ V.17). Die Beschreibung

der Schönheit des Lebens sowie die _____ der Menschen sind durch lange,

10 _____ Sätze gekennzeichnet (▶ V.3–15) und bilden somit einen Kontrast zu den _____ .

Mit dem „_____" kann sich jeder Leser angesprochen fühlen. Es ist aber auch denkbar,

dass das lyrische Ich in dem Gedicht ein Gespräch _____ führt, in dem es sich mit

_____ auseinandersetzt. Es ermahnt sich immer wieder _____

und nicht in Hoffnungslosigkeit zu versinken, was gut vorstellbar ist, wenn man daran denkt, dass _____

15 _____ zu diesem Zeitpunkt bereits im Altersheim lebte. Das wichtigste Anliegen

scheint demnach der _____ an den Leser (oder an sich selbst) zu sein. Das wird dadurch

deutlich, dass es ihn bzw. _____ wiederholt mit „_____"

(▶ V.13, 15, 16, 17) und „_____" (▶ V.1, 4, 8) direkt anspricht.

3 Die nun folgende Beschreibung der sprachlichen Gestaltungsmittel stellt immer wieder einen Bezug zum Inhalt
her. Kennzeichne diese Bezüge im Text unten. Unterstreiche dazu mit unterschiedlichen Farben:
<u>sprachliche Mittel</u> blau, <u>inhaltliche Aussagen</u> grün und <u>Textbelege</u> orange.

Die positiven Wörter „Luft" (▶ V.2), „Zeit" (▶ V.4), „Himmel" (▶ V.6), „Gras" (▶ V.7), „Träume" (▶ V.8), „Nelke"

(▶ V.11), „Drossel" (▶ V.12), „lieben" (▶ V.13) und „verschenken" (▶ V.14) verdeutlichen, wie abwechslungsreich und

schön das Leben ist. Im Gegensatz dazu weist das lyrische Ich durch die Wörter „Nirgends" (▶ V.9) und „Angst"

(▶ V.1) auch auf den Tod hin.

Das lyrische Ich verdeutlicht seine Appelle mit verschiedenen rhetorischen Mitteln. Am häufigsten findet man in

diesem Gedicht die Metapher. Der Leser solle seine „Angst in die Luft" werfen (▶ V.1/2), womit er aufgefordert

wird, seine Sorgen loszulassen. Dass die „Zeit" des Lesers „bald um" ist (▶ V.3/4), soll bedeuten, der Tod, das Ende

des Lebens, rückt immer näher.

4 Ergänze den folgenden Lückentext zu Strophe 2 durch die Angaben im Wortspeicher.
Dies sind passende Zitate, Fachausdrücke oder Deutungen.

Zitieren
Belege die Ergebnisse deiner Untersuchung mit Zitaten. Gib die genaue Verszeile an und setze die Formulierung in Anführungszeichen: „…" (▶ V. xx). Wenn du etwas weglässt oder einfügst, musst du eine eckige Klammer setzen, z. B.: So erfährt der Leser, dass es „ihr […] nicht besser" (▶ V. 4) geht.

Die nächste _____, „noch darfst du lieben / Worte verschenken"(▶ V.13/14),

bezieht sich auf unsere Fähigkeit zu lieben und zu sprechen. Das _____ deutet an, dass dies eine Gabe

ist, für die wir dankbar sein sollten. Auch unsere für Lebensfreude so wichtigen Sinne spielen in Rose Ausländers

Gedicht eine Rolle. Der Mensch kann beispielsweise den Duft einer Blume mit seinem Geruchssinn wahrnehmen:

5 _____. Dies steht stellvertretend für die Wahrnehmung aller

Pflanzen, die den Menschen umgeben. Der Gesang eines Vogels, „singt die Drossel" (▶ V.12/13), _____

_____.

Zudem verwendet die Autorin _____, um die Sätze inhaltlich

miteinander zu verbinden und ihre Wirkung zu verstärken: „bald ist […] bald wächst […]" (▶ V. 3–6), „noch duftet

10 […] noch singt […] noch bist […]" (▶ V.10–15).

In Vers 15 folgt dann noch eine Wiederholung. Die Überschrift („noch bist du da") wird wiederholt und erinnert

uns, in Verbindung mit dem Parallelismus in Verse 16 und 17 („Sei was du bist gib was du hast"), _____

_____. Dies verstärkt nochmals

_____.

Wortspeicher

weist symbolisch auf alle Singvögel oder sogar die ganze Tierwelt hin • Metapher •
an die Begrenztheit unseres Lebens • „darf" • den Appell an den Lebenswillen des Lesers •
„Noch duftet die Nelke" (▶ V.10/11) • Anaphern, bzw. Parallelismen

Den Schluss schreiben

1 Überarbeite diesen Schlussteil aus einem Schülertext. Beachte auch die Hinweise in der rechten Spalte und schreibe deine Änderungsvorschläge zwischen die Zeilen.

„Noch bist du da" von Rose Ausländer	Anmerkungen
Die <u>Wörter im Gedicht meinen</u>, dass der Aufruf, man solle das Leben genießen	Fachbegriff, Ausdruck
und leben soll, dem lyrischen Jch sehr wichtig <u>ist</u>. Außerdem wird der Leser dazu	Zeitform (sie lebt nicht mehr)
gebracht, sich mit dem Tod auseinanderzusetzen, um im <u>gegensatz</u> zu erkennen	Rechtschreibung, Zeichensetzung, Grammatik
was er am Leben hat. Es ist gut nachvollziehbar, das die damals 80-jährige	
Autorin sich in der Zeit verstärkt mit <u>wichtigen Fragen</u> beschäftigt hat.	genauer: Womit?
Jch persönlich <u>fand das Gedicht cool</u>, auch wenn mich diese Fragen noch nicht	Umgangssprache
beschäftigen. √ <u>Es kann</u> in schwierigen Lebenssituationen Mut machen, nach vorn	Konjunktion fehlt
zu schauen und sich bewusst zu sein, dass unser Leben endlich ist. <u>Einfach so gut,</u>	Satzbau unvollständig Ausdruck, Grammatik
<u>wie es geht genießen.</u> Auch wenn es mal nicht so gut läuft und es Stress oder	
Streit und Ärger gibt, sollte man sicher sein, das es die kleinen Dinge sind, die	
Natur, die Pflanzen und Tiere, die wesentlich sind und das Leben lebenswert	
machen. <u>Auch gab</u> es immer Menschen, für die man wichtig ist oder die für einen	Wh.
wichtig <u>war</u>. <u>Das habe ich für mich aus dem Gedicht mitgenommen und würde es</u>	Zeitform, Zeitform, Jnhalt / Floskel
<u>jedem empfehlen.</u>	

Wortspeicher

Zusammenfassend kann man sagen, dass das Gedicht ... • Insgesamt wird deutlich, dass in dem Gedicht ... •
Wie oben gezeigt, unterstreichen die sprachlichen Bilder ... • Nach meiner Einschätzung ... •
Auffallend ist, dass ... • Meiner Meinung nach wird in dem Gedicht ... •
Mir hat das Gedicht gefallen / nicht so gut / nicht gefallen, denn ...

2 Formuliere nun selbst einen Schluss in deinem Heft, indem du Stellung nimmst zu dem Gedicht „Noch bist du da".
Wähle dazu geeignete Formulierungen aus dem Wortspeicher.
Gehe besonders auf die Bedeutung der Überschrift ein.

3 Verfasse im Heft eine vollständige Gedichtbeschreibung.
Greife dazu auf deine Ergebnisse der Arbeitsschritte auf den Seiten 51 bis 53 zurück.

4 Nutze die Checkliste zur Gedichtbeschreibung in der Innenumschlagseite dieses Arbeitsheftes,
um deine Gedichtbeschreibung zu überprüfen und zu überarbeiten.

Stärken stärken: Das Lied

Revolverheld   Reimform   Notizen

Lass uns gehen (2014)   *Aufforderung an ein Du, etwas zu tun*

Hallo, hallo   *jemand wird angesprochen*
Bist du auch so gelangweilt,   *rhetorische Fragen: lyrisches Ich*
Genervt und gestresst von der Enge der Stadt?   *spricht über sich*
Bist du nicht auch längst schon müde   *Parallelismus: Eintönigkeit*
5   der Straßen, der Menschen, der Massen?
Hast du das nicht satt?

Ich kann nicht mehr atmen
Seh kaum noch den Himmel
Die Hochhäuser haben meine Seele verbaut
10   Bin immer erreichbar und erreiche doch gar nichts
Ich halte es hier nicht mehr aus

REFRAIN:
Lass uns hier raus
Hinter Hamburg, Berlin oder Köln
Hört der Regen auf, Straßen zu füllen
15   *Hör'n wir endlich mal wieder*
Das Meer und die Wellen
Lass uns gehen, lass uns gehen, lass uns gehen

Hinter Hamburg, Berlin oder Köln
Hör'n die Menschen auf, Fragen zu stellen
20   *Hör'n wir endlich mal wieder*
Das Meer und die Wellen

Lass uns gehen, lass uns gehen, lass uns gehen

Die Stadt frisst die Ruhe
Mit flackernden Lichtern
25   Schluckt Tage und Nächte in sich hinein
Gehetzte Gesichter in der drängelnden Masse
Jeder muss überall schnell sein

Zwischen den Zeilen hab ich gelesen
Dass wir beide weg von hier wollen
30   Wir stecken hier fest
Verschüttet im Regen
Und träumen vom Sommer in Schweden

(REFRAIN)

Lass uns hier raus
Hinter Hamburg, Berlin oder Köln
35   Hört der Regen auf, Straßen zu füllen
Können wir endlich mal wieder
Entscheidungen fällen

(REFRAIN)

Stärken stärken: Inhalt, Sprache und Stil eines Gedichts untersuchen

1 Arbeite mit dem Stift am Text. Erschließe den Inhalt des Textes.

2 Untersuche den Sprecher und den Adressaten im Lied. Notiere in deinem Heft.
  a Markiere zunächst alle Personalpronomen im Text.
  b Beschreibe dann das Verhältnis des lyrischen Ichs zum Leser/Zuhörer (siehe auch Vers 1: „Hallo, hallo").
  c Erläutere, welche Rolle die rhetorischen Fragen in der ersten Strophe spielen.
  d Stelle abschließend Vermutungen an, in welcher (Lebens-)Situation sich das lyrische Ich befindet.

3 Untersuche die Bedeutung der letzten beiden Verse in deinem Heft.

4 Lies die Informationen zur Band „Revolverheld".
Prüfe anhand des Schreibplans auf Seite 51, welche Einleitung besser gelungen ist, und begründe.

> Das Lied „Lass uns gehen" wurde 2015 von der deutschen Band „Revolverheld" herausgebracht. Darin rufen Revolverheld zur Flucht aus dem stressigen, grauen Alltag auf.

> Das Gedicht „Lass uns gehen" wurde von „Revolverheld" geschrieben. Es geht um die negativen Gefühle eines Sprechers, der in einer grauen Stadt lebt.

Die Hamburger Band *Revolverheld* wurde 2002 unter dem Namen „Manga" gegründet. Musikalisch stehen *Revolverheld* in erster Linie für deutschsprachigen Pop-Rock.

_____

_____

_____

_____

_____

5 Untersuche die Sprache im Lied.
Lege im Heft eine Übersicht nach folgendem Muster an und notiere darin Textbelege (mit Versangabe).
Benenne die Auffälligkeiten oder das Stilmittel. Beschreibe auch ihre Wirkung.

Textbeleg	Stilmittel / sprachliches Bild	Funktion und Wirkung (Deutung)
„gelangweilt" (V. 2) „gestresst" (V. 3) „genervt" (V. 3)	Alliterationen	Wiederholung der Vorsilbe wirkt monoton und außerdem passiv
„Bist du ..." (V. 2, 4)	Parallelismus	
„der Straßen, der Menschen, der Massen" (V. 5)	Aufzählung	

Stärken stärken: Die Sprache eines Gedichts beschreiben

●●○ **1** Lies das Lied „Lass uns gehen" von Revolverheld. Die folgende Beschreibung der sprachlichen Gestaltungsmittel stellt immer wieder einen Bezug zum Inhalt her. Kennzeichne diese Bezüge im Text unten. Markiere dazu mit unterschiedlichen Farben: sprachliche Mittel blau, inhaltliche Aussagen grün und Textbelege orange.

Schon die Überschrift „Lass uns gehen" wird im Lied mehrmals wiederholt und steht für den Aufruf des lyrischen Ichs an den Leser, die Stadt gemeinsam mit ihm zu verlassen. In Strophe 1 nimmt das lyrische Ich direkt Kontakt mit dem Leser auf („Hallo, hallo", ▶ V.1) und möchte von diesem wissen, ob er auch so angeödet ist vom Leben in der Stadt. Dabei spricht es im Passiv und verwendet in V.3 zwei Alliterationen „genervt und gestresst", um dem passi-
5 ven Gefühl des „Gestresstseins" noch stärker Ausdruck zu verleihen. Die Anrede durch das Personalpronomen „du" wird, auch in Form eines Parallelismus, in dieser Strophe dreimal wiederholt, um den Zuhörer mit ins Boot zu holen: „Bist du auch ..." (▶ V.2), „Bist du nicht auch ..." (▶ V.4), „Hast du ..." (▶ V.6). Darüber hinaus wird in den Versen 4 und 5 aufgezählt, was den Autor so müde macht: „... längst schon müde der Straßen, der Menschen, der Massen". Dabei fallen wieder Alliterationen ins Auge. Im Anschluss an diese Aufzählung wendet er sich wieder an den Leser
10 und stellt ihm die rhetorische Frage „Hast du das nicht satt?" (▶ V.6).

●●○ **2** Ergänze den folgenden Lückentext zu Strophe 2 durch die Angaben im Wortspeicher. Das sind passende Zitate, Fachausdrücke oder Deutungen.

> **Zitieren**
> Belege die Ergebnisse deiner Untersuchung mit Zitaten. Gib die genaue Verszeile an und setze die Formulierung in Anführungszeichen: „..." (V. xx). Wenn du etwas weglässt oder einfügst, musst du eine eckige Klammer setzen, z.B.: So erfährt der Leser, dass es „ihr [...] nicht besser" (V.4) geht.

_____ klagt zu Beginn der zweiten Strophe, dass es

_____ und „kaum noch den Himmel" sieht.

Diese _____ dienen der **Übertreibung** und können

als **Metaphern** dafür betrachtet werden, dass es sich eingeengt und begrenzt
5 fühlt. Damit einhergehen könnte ein _____

und der Unzugänglichkeit zu eigenen Gefühlen, was auch in der **Metapher** in

Vers 9 „die Hochhäuser haben meine Seele verbaut" seinen Ausdruck findet.

Die Ellipse „Bin immer erreichbar und erreiche doch gar nichts" (V.10) enthält ein _____,

gleichzeitig wird darin ein **Gegensatz** deutlich: _____
10 _____. Im Gegenteil, wir haben immer

weniger Ruhe und neigen dazu, uns zu verzetteln, _____ (V.10) zu erreichen. Dies gipfelt

in dem _____ „Ich halte es hier nicht mehr aus" (V.11). Diese _____ wendet sich, wie die

Strophe insgesamt, nicht an den mit „du" angesprochenen Zuhörer, sondern dient rein dem Selbstausdruck.

Wortspeicher

Die permanente Erreichbarkeit führt nicht dazu, dass wir das Gefühl haben, wichtige Dinge bewegt zu haben • Verneinungen • Wortspiel • Klimax • „nichts" • Gefühl der Erschöpfung • „nicht mehr atmen kann" • Ausruf • Das lyrische Ich

---

●●○ **3** Vervollständige die Beschreibung von Sprache und Stil zu „Lass uns gehen" in deinem Heft.

Stärken stärken: Eine Gedichtbeschreibung überarbeiten

●●● **1** Überarbeite einzelne Teile einer Gedichtbeschreibung zu „Noch bist du da" von Rose Ausländer. Lies den Auszug aus der Inhaltsangabe. Beachte die Hinweise von Seite 51.

> Ein lyrisches Ich richtet sich in jeder Strophe direkt an ein Du, die verbleibende
> Lebenszeit zu nutzen. Mit dem Du ist jeder Mensch gemeint, es kann sich jeder Leser
> angesprochen fühlen. Es gibt zu Beginn den Ratschlag: „Wirf deine Angst in die Luft"
> und meint damit, das Du solle sich von seiner Angst befreien. Denn bald ist die Zeit
> um, wächst der Himmel unter dem Gras und die Träume fallen ins Nirgends. Solange
> das Du noch lebe, könne es die Schönheit seiner Umwelt wahrnehmen und anderen
> Menschen mit Liebe begegnen. Zum Schluss appellierte das lyrische Ich an das Du,
> es selbst zu sein, sich nicht zu verstellen und anderen etwas von sich zu geben.

●●● **2** Überarbeite die Beschreibung der sprachlichen Merkmale. Die farbigen Markierungen verweisen auf Fehler.
a Notiere neben dem Text die Überarbeitungshinweise aus dem Wortspeicher unten.
b Überprüfe die Textgestaltung. Schreibe den Text dann verbessert in dein Heft.

> _Dass die Zeit des Lesers bald um ist_, soll bedeuten, der Tod, das Ende des Lebens,
> rückt immer näher. Wenn der Tod über den Menschen gekommen ist, _wächst der_
> _Himmel unter dem Gras_, ist ebenfalls metaphorisch gemeint, ebenso wie die _Träume_, die
> _ins Nirgends_ fallen. Diese Stelle des Gedichts ist jedoch nicht nur eine Metapher,
> sondern auch ein Euphemismus. Die nächste Metapher, _„noch darfst du lieben / Worte_
> _verschenken"_ ist unsere Fähigkeit zu sprechen. Das „darf" deutet an, dass es dies eine
> Gabe ist, für die wir dankbar sein sollten.

Wortspeicher

sprachliche Merkmale mit Beispielen aus dem Text (Zitat mit Versangabe) belegen (4 x) •
sprachliche Merkmale deuten und mit Inhalt verknüpfen (2 x)

●●● **3** Überprüfe die Zitierweise im folgenden Abschnitt. Schreibe deine Änderungsvorschläge über den Text.

> Der Mensch kann beispielsweise den Duft einer Blume mit seinem Geruchssinn wahrnehmen: Noch duftet die
> Nelke, stellvertretend für alle Pflanzen, die den Menschen umgeben. Der Gesang eines Vogels, „singt die Drossel",
> weist symbolisch auf alle Singvögel oder sogar die ganze Tierwelt hin. Der Mensch besitzt noch weitere
> Fähigkeiten, die ihn zum Menschen machen. „Noch … lieben". Damit spricht das Gedicht die Fähigkeit an …

Teste dich!

Sprachliche Mittel untersuchen

Jan Wagner (*1971)

haute coiffure[1]

der goldene schraubstock des spiegels hielt den blick:
sie mit roten nägeln, ich mit weißem
tuch bedeckt wie ein museumsstück.

dicht über meinen ohren zwitscherte
5 die schere. oh duftende dienerschar
von cremes und flakons! das wasser plätscherte,

doch unten rotteten[2] auf glatten fliesen
die flusen sich zusammen gegen uns,
ein stiller mob[3] mit einem alten wissen.

10 draußen heulten hunde, frisch geschnitten
sträubte sich mein nackenhaar,
und in mir riß der wolf an seiner kette.

jemand sitzt vor goldenem Spiegel, dieser zieht Blick auf sich, Blick wird „eingespannt" in den „Schraubstock"-Spiegel, Person kann gar nicht anders, als sich ständig zu betrachten

kultiviert, unberührbar, ausgestellt, erst zur Eröffnung ...

1 haute coiffure = für die Mode (besonders in Paris und Rom) tonangebende, hohe Kunst des Frisierens
2 sich zusammenrotten (von größeren Menschenmengen) = sich [in Aufruhr] öffentlich zusammentun, um gegen etwas vorzugehen
3 mob = (englisch mob „aufgewiegelte Volksmenge") eine Masse aus Personen des einfachen Volkes

1 Welches Bild entsteht vor deinen Augen? Sammle in Stichworten spontane, freie Assoziationen (Gedankenverknüpfungen) zu den markierten Textstellen. Schreibe deine Einfälle neben das Gedicht. (9 P.)

2 Worum geht es in diesem modernen Gedicht? Ergänze den Satz mit passenden Begriffen. (2 P.)

Während des _____ lässt der Autor seiner _____ in alle möglichen Richtungen freien Lauf.

3 Untersuche die Sprache dieses Gedichts. Verbinde die Zitate mit den passenden Überlegungen. (4 P.)

A „duftende dienerschar [...] das wasser plätscherte" (V. 4–5)	1 Die Metapher ... ruft bei mir eine Assoziation an den „Wolf im Mann" hervor, der sich in dieser Situation, auf dem Friseurstuhl sitzend, gebannt vom „Schraubstock des Spiegels", an eine „Kette" gelegt fühlt. Es regt sich in ihm das Tierische, Ungebändigte, Ungeduldige (im Menschen schlummernde Eigenschaften, die eher Männern zugeschrieben werden).
B „sie mit roten nägeln, ich mit weißem tuch bedeckt" (V. 2/3)	2 Der Vergleich ... erinnert an ein verhülltes „Museumsstück", das geschützt und erst bei Eröffnung einem staunenden, interessierten Publikum präsentiert wird.
C „in mir riß der wolf an seiner kette." (V. 12)	3 In diesen beiden Ellipsen ... entsteht bei mir folgendes Bild von der Situation: Eine auffällig gestylte Friseurin schneidet dem mit einem weißen Umhang behängten, von seinem eigenen Spiegelbild gebannten lyrischen Ich die Haare.
D „bedeckt wie ein museumsstück" (V. 3)	4 An den beiden Textstellen ... wird deutlich, dass man von einer Wahrnehmung der Situation mit allen Sinnen sprechen kann.

😊 15–13 Punkte	🙂 12–8 Punkte	🙁 7–0 Punkte
Gut gemacht!	Gar nicht schlecht, aber lies die Tipps auf den Seiten 48 bis 51 noch einmal genau durch.	Arbeite die Seiten 48 bis 54 noch einmal sorgfältig durch.

Eine textgebundene Erörterung

Ein Thema erschließen

Information 1 Wieso sorgt CO_2 für die Erwärmung des Erdklimas?

Kohlenstoffdioxid, also CO_2, ist ein sogenanntes Treibhausgas, es fördert den Treibhauseffekt in der Atmosphäre. Das ist eigentlich eine gute Sache, denn ohne den Treibhauseffekt läge die durchschnittliche Temperatur auf der Erde bei etwa minus 18 Grad, es gäbe kein oder fast kein Leben auf ihr. Bloß verstärkt die deutlich gesteigerte Freisetzung von CO_2 und anderer Treibhausgase durch die Menschen den Effekt rapide und macht die Atmosphäre spürbar wärmer.

Information 2 $11\,000\,kg\,CO_{2eq}$ verursachen Menschen in Deutschland durchschnittlich pro Jahr. Um den Klimawandel zu stoppen, dürften es nur $1\,000\,kg\,CO_{2eq}$ sein.

Beim Reisen lässt sich bereits viel CO_{2eq}[1] einsparen. Für die Strecke Berlin – Köln hin und zurück benötigt man:
- mit dem Fernbus: 26 kg,
- mit dem Flugzeug: 248 kg,
- mit der Bahn im Fernverkehr: 40 kg,
- allein im Auto (Benziner, mittelgroß, mittelalt: 215 kg),
- im E-Auto: 142 kg.

[1] CO_{2eq} steht für CO_2-Äquivalenten. Das ist die Summe aller Treibhausgase (Kohlendioxid, Methan und Distickstoffoxid).

Information 3 Greta Thunberg – ein Gesicht des Klimaschutzes

Im Sommer 2018 begann Greta Thunberg, an Freitagen ihrem Schulunterricht fernzubleiben, um für die vollständige Umsetzung des Pariser Klimaabkommens zu demonstrieren. Seitdem ist die 16-jährige Schwedin zu einer weltweiten Iko-
5 ne des Klimaaktivismus geworden. Aus ihren Streiks hat sich die globale „Fridays For Future"-Bewegung entwickelt. Tausende Schülerinnen und Schüler streiken weltweit regelmäßig freitags, um sich für eine nachhaltige Klimapolitik einzusetzen. Mittlerweile geht nicht mehr nur die junge Ge-
10 neration freitags auf die Straße. Thunberg spricht regelmäßig auf internationalen Konferenzen, zum Beispiel auf der UN-Klimakonferenz oder dem Weltwirtschaftsgipfel in Davos. Zur *Climate Week 2019* der Vereinten Nationen in New York reiste Thunberg per Atlantiküberquerung im Segelboot an.

1 Lies die Informationen 1 bis 3. Um welches Thema geht es? Wähle die passende Antwortmöglichkeit aus.

A ☐ Es geht um die Person Greta Thunberg.

B ☐ Es geht um die „Fridays for Future"-Bewegung.

C ☐ Es geht um den Klimawandel bedingt durch die Erderwärmung und Möglichkeiten des Klimaschutzes.

D ☐ Es geht um die Auswirkungen des Verkehrs auf das Klima.

2 Was weißt du schon über das Thema? Mache dir in deinem Heft Notizen.

Positionen und Argumente sammeln

Methode	Eine Einschätzung begründen und gegen Einwände verteidigen

Beim **Argumentieren** versucht man, **Meinungen, Einschätzungen, Bitten, Wünsche, Forderungen** oder **Behauptungen** überzeugend zu **begründen** und auf **Einwände einzugehen**.

1	Behauptung/Einschätzung	*In Zukunft sollte das Fliegen zur Ausnahme werden.*
2	Begründung (Argument)	*Denn dabei wird eine große Menge Treibhausgase verursacht und das schadet der Umwelt.*
3	Beispiel/Beleg zur Veranschaulichung	*So verursacht eine Person auf einem Kurzstreckenflug bereits ein Viertel ihrer jährlich empfohlenen Menge an Treibhausgasemissionen.*
4	Eingehen auf (mögliche) Einwände	*Zwar könnte man einwenden, dass beispielsweise Bahnfahren ebenfalls Treibhausgase verursacht, jedoch nicht in der großen Menge.*

Text A

Felix Ekardt ist Leiter der Forschungsstelle Nachhaltigkeit und Klimapolitik in Leipzig und Berlin sowie Professor an der Uni Rostock und erklärt, warum umweltbewusste Menschen beim Reisen dennoch keine
5 Kompromisse machen möchten: „Wir Menschen erklären Fernreisen zunehmend zum größtmöglichen Vergnügen. Der lang ersehnte Trip nach Feuerland oder Malaysia ist für viele das größte Ereignis schlechthin. Und der schnelle Wochenendausflug nach Flo-
10 renz oder Barcelona gilt als eine Selbstverständlichkeit. Zugleich ist die Flugreise ökologisch so ziemlich das größte Desaster. Oft sind gerade Ökos große Vielflieger, denn wer politisch interessiert und gebildet ist, ist oft auch viel in der Welt unterwegs. Das paradoxe
15 Ergebnis sind dann beispielsweise junge Leute, die jedes Gramm Plastik und jede Kilowattstunde Strom sparen, aber doch gerne mal nach Feuerland zum Wandern fliegen oder mal schnell einen Städtetrip nach Barcelona machen. Die Verhaltensforschung
20 weiß, dass Faktenwissen und Werthaltungen unser Verhalten nur begrenzt beeinflussen.

Hinzu kommen Bequemlichkeit, Gewohnheit und Verdrängung. Zudem sind wir Teil einer Gesellschaft, in der Flugreisen als Normalität gelten. Schließlich waren die Facebook-Freunde ja auch alle schon in Südostasi-
25 en! Unsere Trägheit in Sachen Klima ist also erklärbar, wenn auch nicht zu rechtfertigen. Es scheint, als würde eine aufregende Fernreise das ganze Schuften im Alltag legitimieren, indem wir dort eine ganz neue Welt erleben dürfen und somit das Leben einen neuen Sinn
30 erhält. Hinzu kommt, dass viele die Kritik an der Vielfliegerei als bevormundend empfinden. Das ist natürlich Schwachsinn. Der liberale Staat garantiert zwar die individuelle Freiheit, schützt aber auch die Freiheit der Schwächeren. Besonders muss er dabei die Klima-
35 wandelopfer vor der Freiheit der Konsumenten und Unternehmen schützen. Denn die Vielfliegerei ist ein Problem für die Freiheit anderer Menschen, etwa von Bauern in Bangladesch oder Zentralafrika, die wegen zunehmender Dürren oder wegen des steigenden
40 Meeresspiegels existenziell bedroht werden.*

1 Lies Text A.

a Kreuze an, welche Positionen Felix Ekardt zum Thema „Reisen und Umweltschutz" einnimmt. Zwei Aussagen treffen zu.

A ☐ Felix Ekardt sieht in der Bequemlichkeit und dem gleichzeitigen Drang nach Erlebnissen unserer Wohlstandsgesellschaft die größte Gefahr für unsere Umwelt.

B ☐ Er kann verstehen, dass umweltbewusste Menschen trotzdem gerne weite Flugreisen machen.

C ☐ Wenn die Politik Flugreisen erschwert, ist das in seinen Augen keine Bevormundung.

D ☐ Flugreisen sind legitim, wenn man sich vom harten Arbeitsalltag erholen muss.

b Finde im Text zwei Argumente, die gegen Flugreisen sprechen, und markiere alle Bausteine des Arguments.

Text B

Der Autor Leo Hickman hat ein Jahr lang ökologisch korrekt gelebt und darüber ein Buch geschrieben. Zum Reisen sagt er: „Aus eigener Erfahrung kann ich sagen, umweltfreundliches Reisen ist nicht schwer. Man muss nur flexibler werden. In einem Jahr können wir eine große Reise machen, weit weg, zu einem Ziel, das wir mit dem Flugzeug erreichen. Im nächsten Jahr sollten wir uns für eine mittlere Reise entscheiden und mit dem Zug fahren. Und im dritten Jahr sollten wir lediglich eine kleine Reise in unserer Region machen."

Zudem findet er nicht, dass Reisen hilft zu lernen, die Umwelt wertzuschätzen: „Das ist Quatsch! Ich kann mir auch ein Video ansehen, um die Schönheit und das Leben der Eisbären kennenzulernen. Dass Reisen allein das ökologische Bewusstsein fördert, lasse ich so nicht gelten. Auch wenn ich mir bewusst bin, wie wichtig Reisen ist, um fremde Kulturen besser kennenzulernen."*

2 Welche Position vertritt der Autor Leo Hickman?
a Untersuche Text B nach den Elementen eines Arguments:
Unterstreiche die <u>Behauptung</u> blau, die <u>Begründung</u> rot und das zur Veranschaulichung genannte <u>Beispiel</u> grün.
b Fasse die Position in einem Satz zusammen.

3 a Unterstreiche nun die Stellen, in denen Leo Hickman andere Positionen wiedergibt.
b Untersuche, ob Leo Hickman Argumente nennt, die andere entkräften. Kreuze an und begründe.

☐ ja   ☐ nein

Begründung: _____

Text C

Jonas: „Ich muss in meinem Job flexibel sein und darf keine Zeit verlieren, da ich ständig unter Zeitdruck bin. Deshalb fahre ich mit meinem Firmenwagen mindestens 40 000 km pro Jahr. Urlaub ist bei meinem stressigen Job auch wichtig, deshalb kommen noch zwei bis drei Flugreisen pro Jahr hinzu. Maßnahmen, um den CO_{2eq}-Ausstoß zu kompensieren, dürfen mich dabei nicht einschränken."

4 Lies den Beitrag C.
a Formuliere die Position von Jonas in eigenen Worten in deinem Heft.
b Entkräfte seine Position. Du kannst die Formulierungshilfen in der Methode nutzen.

Methode	Argumente entkräften
Um andere Argumente **überzeugend zu entkräften,** nutzt man oft bestimmte Formulierungen:	
1 Die andere Position wiedergeben	■ *Du gehst wie viele andere davon aus, dass …* ■ *Deine Position ist, dass Reisen …*
2 Die eigene Position formulieren	■ *Das ist zwar nachvollziehbar, hat sich aber als falsch erwiesen.* ■ *Das scheint naheliegend, tatsächlich aber …*
3 Argumente nennen, die die andere Position entkräften	■ *Man weiß nämlich aus Studien … / Statistiken zeigen, dass …* ■ *Der Umweltwissenschaftler … hat deutlich gemacht, dass …* ■ *Wenn das Argument zuträfe, dann wäre doch …*

Einen Sachtext und eine Grafik für eine Argumentation auswerten

Nachhaltiger Tourismus: Reisen mit gutem Gewissen

Von Silvia Liebrich

A Wer freut sich nicht darauf: Schöne Urlaubstage sind der Ausgleich für harte Arbeitstage. Sie sollen erholsam sein und den Blick für Neues freimachen. Warum sich also nicht eine interessante Reise gönnen? Das denken sich viele Bundesbürger. Pro Jahr treten sie 80 Millionen Kurzurlaube an. Hinzu kommen 70 Millionen längere Reisen, 50 Millionen davon gehen ins Ausland, meist mit dem Flugzeug. […]

B In einer Zeit, in der die Klimakrise zum drängendsten Problem wird, fällt es schwer, einfach nur so zum Spaß durch die Welt zu fliegen und jede Menge Kohlendioxid (CO_2) freizusetzen. Nachhaltiger reisen, das wollen inzwischen viele Menschen. Laut einer Umfrage des Umweltministeriums trifft das auf 57 Prozent der Deutschen zu. […]

C Die Frage „Fliegst du noch in den Urlaub?" verkneift sich der Umweltwissenschaftler Michael Kopatz bei Freunden und Kollegen, „weil das sofort die Stimmung vergällt." Er erzählt stattdessen lieber, wie und wohin und er mit seiner Familie in die Ferien fährt. Sein Rat: „Wir sollten uns zu allererst fragen, was wir uns vom Reisen versprechen und wie stark der Herzenswunsch ist, in ein Land zu reisen, das nur mit dem Flieger erreichbar ist." Meist gehe es ja um Erholung. Da hilft es, wenn wir für die freien Tage möglichst wenig Aufwand betreiben müssen. Von Sehenswürdigkeit zu Sehenswürdigkeit hetzen, volle Hotels, Flugzeuge und Züge, im Stau stehen, das seien schließlich alles Stressfaktoren. Kopatz' letzter Kurzurlaub mit dem Camper führte nur 13 Kilometer von der Haustür weg. […]

D Zwar liegt der Anteil des Flugverkehrs an den gesamten CO_2-Emissionen weltweit nur bei drei Prozent. Doch das ist viel, gemessen daran, dass nur drei Prozent der Weltbevölkerung überhaupt fliegen. Deutlich über dem Schnitt liegen die Deutschen. „Ihre Flüge machen immerhin rund zehn Prozent der deutschen Treibhausgasemissionen aus, mehr als die Hälfte davon sind Urlaubsflüge", rechnet Volker Quaschning vor, Professor für regenerative Energiesysteme an der Hochschule für Technik und Wirtschaft in Berlin. Das Auto habe zwar einen schlechten Ruf, „aber es kommt drauf an, wie viel Leute drinsitzen – nur einer ist schlecht, vier oder fünf sind schon vergleichbar mit der Bahn". Da hilft es genau hinzusehen. […]

„Wenn ich unbedingt fliegen will oder muss, dann ist Kompensieren eine gute Sache", sagt Quaschning. „Wer aber weiterhin so viel fliegt wie bisher und glaubt, dass damit alles gut sei, ist auf dem falschen Weg. Wir müssen weltweit komplett klimaneutral werden." Er selbst hat vor drei Jahren beschlossen, überhaupt nicht mehr zu fliegen. „Das muss aber der Job hergeben", räumt er ein. […]

E Geschäftsreisen lassen sich nicht so leicht vermeiden, auch weil hier der Arbeitgeber mitentscheidet. Am Flughafen Frankfurt waren laut Statistik im vergangenen Jahr 36 Prozent der Fluggäste dienstlich unterwegs. „Dabei sind sehr viele Geschäftsreisen nicht notwendig, wenn man genau nachdenkt", sagt Daniela Jacob vom Helmholtz Zentrum Geesthacht. […] Videokonferenzen, Chats und andere digitale Medien können dabei helfen.*

Quelle: https://www.sueddeutsche.de/wirtschaft/nachhaltig-reisen-klimawandel-1.4557231 (Stand: 5.1.2020; Text verändert)

---

1 **Um welches Thema geht es in dem Sachtext? Wähle eine der Aussagen aus und begründe deine Entscheidung.**

A ☐ In dem Sachtext geht es um das Verbot von Flugreisen.

B ☐ Der Sachtext beschreibt die Auswirkungen von Flugreisen für das Klima.

C ☐ Der Sachtext nimmt kritisch Stellung zur These, dass Flugreisen hauptverantwortlich für den Klimawandel sind.

D ☐ Im Sachtext wird belegt, dass Flugreisen Klimakiller Nr. 1 sind.

Methode	Einen argumentativen Sachtext untersuchen

Ein **Sachtext** verfolgt meist eine Aussageabsicht (Intention), z.B.: informieren, werten oder beeinflussen.
Untersuche (analysiere) folgende Aspekte des Textes:

1 Thema/Inhalt und Gedankengang (Argumentationsaufbau)
  – Auf welches Thema konzentriert sich der Text? Was sind die Hauptaussagen/Behauptungen?
  – Welche Begründungen werden genannt? Ist die Argumentation schlüssig?
  – Werden Gegenargumente berücksichtigt?

2 Aussageabsicht (Intention)
  – Will der Autor/die Autorin informieren, aufklären, beschwichtigen, zum Handeln aufrufen?

3 Sprachliche Gestaltungsmittel und ihre Wirkung
  – Wortwahl, z.B.: auf- oder abwertende Formulierungen, Anglizismen, Fachbegriffe
  – rhetorische Stilmittel, z.B.: Vergleiche, Wiederholungen, rhetorische Fragen, Personifikationen

---

2 Erschließe die Bedeutung der im Text markierten Fremdwörter aus dem Textzusammenhang und
verbinde je ein Fremdwort mit der jeweils passenden Erläuterung.

	der Ausstoß von Treibhausgasen, der durch die Verbrennung verschiedener kohlenstoffhaltiger Materialien (wie Kohle, Diesel, Benzin usw.) entsteht
Klimakrise	
Treibhausgasemission	ein digitaler Austausch von Informationen durch Bild- und Tonübertragung von mindestens zwei Personen
kompensieren	die ökologischen, politischen und gesellschaftlichen Folgen der globalen Erderwärmung, hervorgerufen durch langjähriges klimaschädliches Verhalten der Menschen
Videokonferenzen	
	etwas ausgleichen oder durch Gegenwirkung aufheben

---

3 Untersuche den Inhalt des Textes.
Formuliere die Hauptaussagen der jeweiligen Abschnitte.

A Hauptaussage: *Urlaubsreisen ermöglichen eine Abwechslung zum Alltag.*

B Hauptaussage: _____

_____

C Hauptaussage: _____

_____

D Hauptaussage: _____

_____

E Hauptaussage: _____

_____

4 Erschließe den Argumentationsaufbau des Textes.

a Unterstreiche wie in Abschnitt A die Behauptungen blau, Begründungen rot und Beispiele grün.

b Vervollständige das folgende Schema.
Ergänze dazu die fehlenden Einschätzungen/Behauptungen, Begründungen und Beispiele.

Behauptung 1: Eine Urlaubsreise ermöglicht eine Abwechslung zum Alltag.

Begründung 1: Denn eine Reise verspricht Erholung und bietet Gelegenheiten, neue Kulturen zu entdecken.

Beispiel 1: So lässt es sich auch erklären, dass in Deutschland pro Jahr ca. 80 Millionen Kurzurlaube und 70 Millionen längere Reisen angetreten werden, wovon 50 Millionen ins Ausland führen und dazu meist das Flugzeug genutzt wird.

Behauptung 2: Flugreisen erzeugen ein schlechtes Gewissen.

Begründung 2: _____

_____

_____

Beispiel 2: _____

_____

_____

Behauptung 3: _____

_____

_____

Begründung 3: _____

_____

_____

Beispiel 3: _____

_____

_____

5 Kreuze die richtige Antwort an: Die Aussageabsicht des Textes ist es, ...

A ☐ zu überzeugen.   B ☐ zu beschwichtigen.   C ☐ zu unterhalten.   D ☐ zu informieren.

6 Untersuche die sprachliche Gestaltung des Textes. Vervollständige dann folgende Aussagen in deinem Heft.

Die Aufmerksamkeit des Lesers gewinnt die Autorin mit der Überschrift, indem sie ...
In Abschnitt C verwendet Silvia Liebrich viele wörtliche Zitate des Umweltwissenschaftlers Michael Kopatz, weil ...

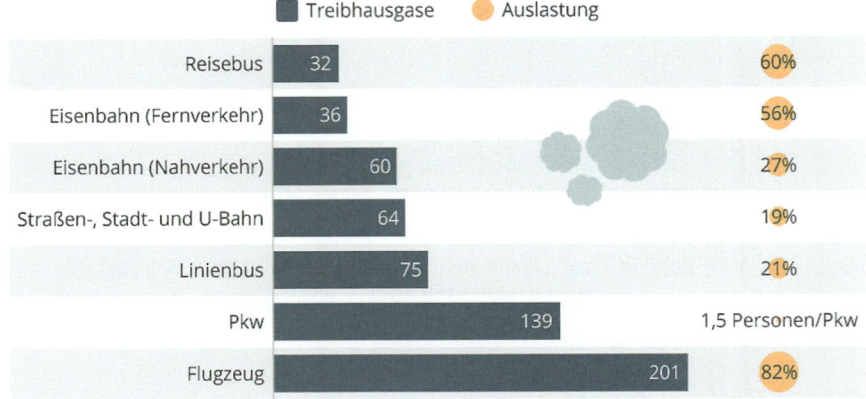

So viel Treibhausgase verursachen Flugzeug, Bahn & Co.

Durchschn. Treibhausgasemissionen nach Verkehrsmittel in Gramm pro Personenkilometer*

■ Treibhausgase   ● Auslastung

Verkehrsmittel	Treibhausgase	Auslastung
Reisebus	32	60%
Eisenbahn (Fernverkehr)	36	56%
Eisenbahn (Nahverkehr)	60	27%
Straßen-, Stadt- und U-Bahn	64	19%
Linienbus	75	21%
Pkw	139	1,5 Personen/Pkw
Flugzeug	201	82%

* CO_2, CH_4 und N_2O in CO_2-Äquivalenten; Bezugsjahr 2017; Emissionen aus Bereitstellung und Umwandlung der Energieträger wurden berücksichtigt; Reisebus umfasst Fernlinienbusse und Gelegenheitsverkehr; Emissionen für die Bahn basieren auf Angaben zum durchschn. Strom-Mix in Deutschland; Beim Flugverkehr wurden alle klimawirksamen Effekte berücksichtigt

@Statista_com   Quelle: Umweltbundesamt

statista ◢

---

7 Benenne das Thema der Grafik, indem du die folgende Aussage vervollständigst:

Die Grafik beschreibt, wie viele _____ durch die Nutzung von verschiedenen

_____ verursacht werden. Die dargestellten Werte werden in

_____ pro Personenkilometer bei durchschnittlicher Auslastung angezeigt.

8 Erschließe die Hauptaussagen der Grafik, indem du die Fragen in Stichworten beantwortest.

A Die Fahrten mit welchem Verkehrsmittel verursachen im Vergleich mit anderen Personenverkehrsmitteln im Schnitt den geringsten Ausstoß an Treibhausgasen?

_____

B Welche Verkehrsmittel sind klimafreundlicher als ein durchschnittlich ausgelasteter PKW?

_____

C Welche Verkehrsmittel stoßen die meisten Treibhausgase aus?

_____

9 Welche Konsequenzen für die Nutzung von Verkehrsmitteln ergeben sich aus den Informationen? Begründe deine Meinung.

_____

_____

_____

_____

Stärken stärken:
Eine Position in einer textgebundenen Erörterung einnehmen

Deine Schreibaufgabe lautet:

Erörtere mit Hilfe des Textes „Nachhaltiger Tourismus: Reisen mit gutem Gewissen" von Silvia Liebrich und der Grafik „So viel Treibhausgase verursachen Flugzeug, Bahn & Co." die Frage: „Sollte man der Umwelt zuliebe auf das Fliegen verzichten?"

Gehe so vor:
– Sichte nochmals die Materialien sowie deine Aufzeichnungen.
– Plane deine Stellungnahme, indem du in einer Stoffsammlung Pro- und Kontraargumente sammelst.
– Entscheide dich für eine Position und formuliere diese aus.

●○○ **1** **Plane deine Stellungnahme, indem du so vorgehst:**

a Lies erneut den Text auf Seite 63 und schau dir die Grafik auf der Seite 66 noch einmal an.
Sichte anschließend deine Aufzeichnungen dazu.

b Erstelle eine Stoffsammlung, indem du in der Tabelle notierst, was für und was gegen einen Verzicht auf Flugreisen spricht. Du kannst den Wortspeicher auf der nächsten Seite nutzen.

Sollte man der Umwelt zuliebe auf das Fliegen verzichten?	
Für einen Verzicht spricht	**Gegen einen Verzicht spricht**
– Flugreisen sind klimaschädlich.	
– …	

Der Verzicht aufs Fliegen erleichtert das Gewissen.

Kompensationen ermöglichen es, weiterhin zu fliegen.

Für Flüge auf Kurzstrecken gibt es klimafreundlichere Alternativen, z. B. die Bahn.

Urlaubsreisen ermöglichen einen Ausgleich zum Alltag.

Unternehmen müssen ebenfalls umdenken und prüfen, ob Dienstreisen mit dem Flugzeug notwendig sind.

c Erweitere deine Stoffsammlung durch eigene Argumente. Trage diese ebenfalls in die Tabelle ein.

●○○ **2** Setze dich mit den beiden Positionen kritisch auseinander und entscheide dich, ob du für oder gegen einen Verzicht auf Flugreisen bist. Formuliere deine Entscheidung.

Ich bin _____

_____

●○○ **3** Formuliere deine Position aus. Schreibe in dein Heft.

a Fasse den Kerngedanken des Textes und der Grafik zusammen.

b Nimm eine Position zur Frage „Sollte man auf das Fliegen verzichten?" ein, indem du deine wichtigsten Argumente nennst, begründest und belegst.

> Es gibt verschiedene Möglichkeiten, auf die Positionen im Text einzugehen. Man kann …
> **1** einer Position völlig zustimmen,
> **2** einer Position teilweise zustimmen,
> **3** einer Position vollkommen widersprechen.

Kerngedanken der Materialien	*Bereits der Titel des Zeitschriftenartikels / die Grafik macht deutlich, dass …* *Obwohl Urlaubsreisen als wichtiger Ausgleich zum Alltag gelten, sollten Flugreisen … Informationen über … liefert Silvia Liebrich, indem …* *Die Grafik liefert weitere Hinweise zu …*
Eine Position einnehmen	*Flugzeuge stoßen große Mengen an Treibhausgasen aus, die …* *Wenn man bedenkt, dass viele Urlaubsreisen …* *Natürlich ist es für die Reisenden …* *Weitaus problematischer ist …*

Stärken stärken:
Verschiedene Positionen abwägen und die Erörterung planen

Deine Schreibaufgabe lautet:
Erörtere Möglichkeiten und Grenzen für dich als Reisende/r, um einen Beitrag zum Umweltschutz zu leisten. Verwende für deine Argumentation die Materialien aus den vorangegangenen Seiten sowie den folgenden Interviewausschnitt.

Folgende Fragen helfen dir, die Aufgabe korrekt zu bearbeiten:
– Zu welchem Thema sollst du erörtern?
– Welche besonderen Aspekte sollst du dabei berücksichtigen?
– Welche Materialien sollst du dazu verwenden?
– Welche Art von Erörterung ist verlangt?

●●○ **1** Plane deine Erörterung und gehe so vor:

a Sichte alle Materialien auf den Seiten 63 und 66 und erweitere deine Stoffsammlung von Seite 67 zum Thema „Flugreisen" durch Argumente aus dem nachfolgenden Interviewausschnitt zum Thema „nachhaltiges Reisen".

fluter: Die Zahl der neu zugelassenen Autos steigt, die Modelle werden immer größer. Wie soll da eine Verkehrswende funktionieren?

Ich sehe die Politik in der Pflicht, denn wenn wir wie
5 geplant die Infrastruktur ausbauen, werden wir noch mehr Verkehr haben. Und wenn wir weiter große Autos steuerlich begünstigen, werden die auch gekauft. Eine Verkehrswende ist möglich, wenn wir auf allen Ebenen etwas ändern. Außerdem könnte man jedes Auto mit
10 einem ökologischen Preisschild versehen. Je mehr Energie ein Auto verbraucht, desto teurer wird es. Wenn man gleichzeitig Alternativen anbietet, steigen Menschen um.

fluter: Umsteigen auf den ÖPNV? Der funktioniert oft
15 **nicht reibungslos, und teuer sind die Tickets meistens auch.**

Wir haben die Einführung eines neufinanzierten ÖPNV diskutiert, bei dem möglichst viele Bürger und Bürgerinnen einen gewissen Betrag ihres Einkommens dafür
20 aufbringen müssten und im Gegenzug kostenlos fahren. So bekäme der ÖPNV eine zukunftsfähige Finanzierung und würde viele neue Kunden gewinnen.

fluter: Das mag in der Großstadt funktionieren. Aber auf dem Land ist man ohne Auto schnell abgehängt.
25 Dort kann Carsharing die Rolle des „Lückenfüllers"

zwischen eigenem Auto und öffentlichem Verkehr spielen. Das kann zum Beispiel auch durch nachbarschaftliche Hilfe und unterstützt durch Apps ablaufen.

fluter: Die wenigen Autos, die es in Ihrer Vision noch
30 **gibt, sollen elektrisch betrieben sein. Wo soll der ganze Strom dafür herkommen?**
Man könnte den kompletten Strom des Personenverkehrs bis 2035 durch erneuerbare Energien decken. Elektroautos haben schon heute auf ihren Lebenszyklus bezogen einen geringeren CO_2-Fußabdruck haben
35 als ein herkömmliches Auto. Je länger man ein E-Auto nutzt, desto besser.*
Interview: Sara Geisler
Dr.-Ing. Frederic Rudolph ist Projektleiter für Energie-,
40 *Verkehrs- und Klimapolitik am Wuppertal Institut.*

b Finde zu jedem Gegenargument zu deiner Position ein Argument, das dieses entkräftet und deine Position stärkt.

Der Anteil des Flugverkehrs an den weltweiten CO_2-Emissionen liegt nur bei 3 Prozent.

← *Jedoch fliegen auch nur 3 Prozent der Weltbevölkerung. Die Deutschen fliegen mehr als der Durchschnitt.*

Information   Pro-und-Kontra-Erörterung: Die Gliederung

Die Argumente für und gegen die eigene Position können unterschiedlich angeordnet werden:

1. **Pro und Kontra in Blöcken (Sanduhr-Prinzip):**
   Hier werden die Pro- und Kontra-Argumente (und Beispiele) blockweise gegenübergestellt: zuerst die der Gegenposition, dann die der eigenen Position.

2. **Fortlaufender Pro-und-Kontra-Aufbau (Pingpong-Prinzip):**
   Hier führst du die Argumente (und Beispiele) für und gegen deine Position im laufenden Wechsel an. Die Gegenargumente kannst du hierbei sofort entkräften, du kannst aber auch vor dem Wechsel mehrere Pro- und Kontra-Argumente aufeinander folgen lassen.

Pro und Kontra in Blöcken
(Sanduhr-Prinzip)

Gegenposition
Argument 1
Argument 2
…

Eigene Position
Argument 1
Argument 2
…

Fazit

Fortlaufender Pro-und-Kontra-Aufbau
(Pingpong-Prinzip)

Argument pro
    Argument kontra
Argument pro
    Argument kontra
…

Fazit

2 Gliedere deine Erörterung und lege fest, welche Argumente und Gegenargumente du ausführen möchtest. Notiere jeweils Stichworte. Bedenke, dass das stärkste Gegenargument zu Beginn und dein stärkstes Argument zuletzt genannt werden soll. Verwende die bereits auf Seite 68 formulierten Argumente und ergänze sie.

Kontra 1 _____

Beleg 1 _____

Kontra 2 _____

Beleg 2 _____

Kontra 3 _____

Beleg 3 _____

Pro 1 _____

Beleg 1 _____

Pro 2 _____

Beleg 2 _____

Pro 3 _____

Beleg 3 _____

Stärken stärken: Eine textgebundene Erörterung verfassen

Deine Schreibaufgabe lautet:
Erörtere Möglichkeiten und Grenzen für dich als Reisende/r, um einen Beitrag zum Umweltschutz zu leisten. Verwende für deine Argumentation die Materialien von den Seiten 63, 66 und 69.
Schreibe eine textgebundene Erörterung.

Methode	Erörterung im Anschluss an einen Text

Die Erörterung im Anschluss an einen Text (textgebundene Erörterung) entsteht in Anlehnung an eine Textvorlage (z. B. Zeitungstext), in der eine strittige Frage behandelt oder ein Problem angesprochen wird.
Einleitung: In der Einleitung machst du Angaben zur Textvorlage (Titel und Thema des Textes, Autor/in und Textquelle).
Hauptteil: Im Hauptteil beantwortest du die konkrete Aufgabenstellung, die angibt, unter welchen Gesichtspunkten du dich mit dem vorgegebenen Text auseinandersetzen sollt. In der Regel besteht der Hauptteil aus zwei Schritten: Textanalyse und Erörterung.
Textanalyse: Bei der Textanalyse fasst du die zentralen Gedanken und Positionen zusammen, stellst die Intention des Textes dar und benennst die sprachlichen Mittel.
Erörterung: Bei der Erörterung nimmst du zu den Hauptargumenten Stellung (Zustimmung oder Widerspruch oder teilweise Zustimmung begründet darlegen).
Schluss: Fasse deine Position zusammen und ziehe ein Fazit, das du nach der Auseinandersetzung mit den Materialien gewonnen hast.

Die Einleitung schreiben

●●● 1 Leite deine Erörterung nun ein, indem du die wichtigsten Informationen zum Text (▶ S. 63) und zur Grafik (▶ S. 66) in einem Einleitungssatz formulierst. Ergänze den folgenden Satzanfang:

Auf Reisen sehen wir, wie schön unsere Erde ist. Doch wenn wir sie nicht schützen, wird es diese so bald nicht mehr geben. Was sollten wir für den Umweltschutz opfern? Im Zeitschriftenartikel …

Den Hauptteil schreiben

●●● 2 Verfasse mit Hilfe deiner Stoffsammlung (▶ S. 67) den Hauptteil der Erörterung. Beginne mit der Textanalyse:
a Fasse zunächst die Kerngedanken des Textes und der Grafik zusammen. Kläre dazu folgende Fragen:
– Um welches Thema geht es?
– Welche Standpunkte (Thesen, Argumente) werden vertreten?
– Welche Aussageabsicht (Intention) haben Text und Grafik?
b Achte auch auf die richtige Zitierweise (▶ S. 11). Wie müssten die beiden Zitate (direkt und indirekt) aus dem Text korrekt aussehen? Korrigiere die folgende Zitierweise in deinem Heft.

Laut Silvia Liebrecht ist die Mehrheit der Deutschen privat für ein nachhaltiges Reisen. (Z.14 bis 16). Jedoch finden viele Geschäftsreisen mit dem Flugzeug statt: „Am Flughafen Frankfurt waren laut Statistik im vergangenen Jahr 36 Prozent der Fluggäste dienstlich unterwegs. (‚Nachhaltiger Tourismus: Reisen mit gutem Gewissen', Z.58)."

●●● 3 Erörtere nun die Vor- und Nachteile von nachhaltiger Mobilität. Verfasse die Erörterung in deinem Heft:

a Nenne zunächst deine Gegenargumente. Nutze dazu die Formulierungshilfen aus dem Wortspeicher.

> **Wortspeicher**
>
> **Argumente formulieren**
> Ein Argument für/gegen … • Ein weiterer Gesichtspunkt ist … • Hinzu kommt, dass … •
> Dass …, zeigt sich auch darin, dass … • Untersuchungen zeigen, dass … • Dies bedeutet, dass … •
> Als Beispiel/Beleg lässt sich anführen, dass …

b Leite nun zu den Argumenten über, die deine Position unterstützen. Markiere zunächst in der folgenden Überleitung die Entkräftung der Gegenargumente. Wie könnte deine Überleitung aussehen? Notiere sie.

> *Obwohl die angeführten Argumente zeigen, dass nachhaltiges Reisen mit Einschränkungen im Alltag verbunden ist, gibt es zunehmend mehr innovative Fortbewegungsmöglichkeiten, die das umweltbewusstes Reisen erleichtern.*

c Im letzten Teil des Hauptteils führst du die Argumente aus, die deine Position unterstützen. Steigere sie von schwach nach stark. Ergänze zunächst die nachfolgenden Argumente mit den Satzanfängen aus dem Wortspeicher. Steigere dann deine Argumente.

> **Wortspeicher**
>
> Der wichtigste Punkt ist … •
> Besonders wichtig ist … • Zu betonen ist …

_____, dass nachhaltiges Reisen unsere sozialen Kontakte stärkt, indem

wir beispielsweise Fahrgemeinschaften bilden und somit regelmäßig im Austausch miteinander sind.

_____, dass wir durch veränderte Formen der Fortbewegung wieder

mehr von unserer Umwelt wahrnehmen. Wenn wir zukünftig beispielsweise mit dem Fahrrad zur Arbeit fahren,

werden uns unterwegs Landschaften begegnen, die wir im Feierabendstau nicht gesehen hätten.

_____, dass wir uns unserer Verantwortung für die Menschen auf diesem

Planeten und zukünftige Generationen bewusst werden und nachhaltiger reisen. Denn wie Prognosen zeigen, ist

es nur durch eine nachhaltige Lebensweise aller Menschen möglich, den Klimawandel zu entschleunigen.

Den Schluss schreiben

●●● 4 Fasse zum Schluss zusammen, welchen Standpunkt du vertrittst. Du kannst auch Standpunkte miteinander vergleichen und einen Ausblick in die Zukunft wagen. Entscheide dich für einen Schlussteil und ergänze ihn.

> *Wenn ich … abwäge, komme ich zu dem Schluss, dass … Silvia Liebrechts Position zu Flugreisen … Die Grafik unterstützt dies, indem … Ich würde mir wünschen, dass …*

> *Silvia Liebrecht vertritt in ihrem Artikel „Nachhaltiger Tourismus: Reisen mit gutem Gewissen" die Position … Ebenfalls bestätigt die Grafik …, dass … Als Reisende haben wir demnach … Ich bin der Meinung, dass …*

Teste dich!

Eine textgebundene Erörterung überarbeiten

[...] Bereits im ersten Abschnitt des Textes „Nachhaltiger Tourismus: Reisen mit gutem Gewissen" macht Silvia Liebrich deutlich, dass umweltbewusstes Reisen einen erheblichen Einfluss auf die Freizeitgestaltung der Menschen haben kann. So bestätigt sie, dass Urlaub, und vor allem Flugreisen, eine positive Abwechslung zum Alltag sind. Aus diesem Grund machen die Deutschen 80 Millionen Kurzurlaube und 70 Millionen längere Reisen im Jahr
5 („Nachhaltiger Tourismus: Reisen mit gutem Gewissen", Z. 5 f.). Ein weiteres Argument gegen eine Einschränkung der Mobilität durch den Einzelnen ist, dass weltweit der Flugverkehr nur für 3 Prozent aller Treibhausgasemissionen verantwortlich und es somit gar nicht so schlimm ist zu fliegen. Zu betonen ist zudem, dass viele Menschen beruflich fliegen müssen und somit dazu gezwungen sind, wie beispielsweise 36 Prozent der Fluggäste im vergangenen Jahr am Flughafen Frankfurt. Zwar ist es nachvollziehbar, wenn man nur ungern die eigene
10 Mobilität einschränken möchte, aber es gibt auch positive Aspekte. In Anbetracht dessen, dass das Fliegen und Autofahren zu den umweltschädlichsten Fortbewegungsmitteln gehören, erachte ich es als ganz besonders wichtig, zukünftig auf Flugreisen und ein eigenes Auto zu verzichten und mehr auf Carsharing und das eigene Fahrrad zurückzugreifen. Auch den Urlaub kann man, wie der Umweltschutzwissenschaftler Michael Kopitz anhand seines Campingurlaubs zeigt, klimafreundlich und dennoch entspannend gestalten. Deshalb bin ich dafür ...

1 Hier siehst du den Hauptteil von Annas textgebundener Erörterung, die du beurteilen sollst.
Schreibe die Ergebnisse in dein Heft.

a Unterstreiche Behauptungen, Begründungen und Beispiele. Ist der Hauptteil vollständig? (10 P.)
b Ist der Aufbau der Argumentationskette sinnvoll? (2 P.)
c Markiere alle Zitate mit Angabe von Autor und Quelle. Was fällt dir auf? (2 P.)
d Schreibe die Überleitung zwischen den Kontra- und Pro-Argumenten. (2 P.)
e Schreibe einen Schluss. (2 P.)

Checkliste

Erörtern im Anschluss an einen Text

☺ ☹

Einleitung:
- Machst du Angaben zur Textvorlage und zur Grafik und führst in das Thema ein? ☐ ☐

Hauptteil/Textanalyse:
- Hast du die zentralen Gedanken, Thesen, Argumente wiedergegeben? ☐ ☐
- Hast du erklärt, welche Absicht, der Text bzw. die Grafik verfolgen? ☐ ☐

Hauptteil/Erörterung:
- Hast du dich mit den Argumenten der Textvorlage kritisch auseinandergesetzt? ☐ ☐
- Hast du überzeugende Argumente sowie passende Beispiele/Belege angeführt? ☐ ☐
- Hast du die Zusammenhänge eurer Argumentation sprachlich gut dargestellt? ☐ ☐

Schluss:
- Hast du ein Fazit gezogen, in dem du deinen Standpunkt zusammenfasst, den du nach der Auseinandersetzung mit der Textvorlage gewonnen hast? ☐ ☐

Vergleiche deine Ergebnisse mit dem Lösungsheft.

☺ 18–15 Punkte	☺ 14–8 Punkte	☹ 7–0 Punkte
Gut gemacht!	Gar nicht schlecht, aber lies dir die Merkkästen auf den Seiten 61–71 noch einmal genau durch.	Arbeite die Seiten 63–72 noch einmal sorgfältig durch.

Das kann ich schon! – Grammatik

1 **a** Ergänze in der Sprechblase die richtigen Formen. (2 P.)

Der Konjunktiv II und das „Ei des Kolumbus"

So erzählt es eine Anekdote: Nach seiner Rückkehr aus Amerika wird Kolumbus 1493 während eines Essens bei Kardinal Mendoza vorgehalten, es sei ja ein Leichtes gewesen, die „Neue Welt" zu entdecken, es hätte dies schließlich auch jeder andere vollführen können. Daraufhin verlangt Kolumbus von den anwesenden Personen, ein ge-

kochtes Ei auf die Spitze zu stellen. Trotz vielerlei Versuche

5 schafft es jedoch keiner der Anwesenden, diese Aufgabe zu erfüllen, vielmehr ist man von der Unlösbarkeit dieser Aufgabe überzeugt. Kolumbus aber, darum gebeten, es selbst zu versuchen, schlägt das Ei mit der Spitze auf den Tisch, sodass dieses leicht eingedrückt ist und so

10 stehen bleibt. Auf den Protest der Anwesenden, dass auch sie dies gekonnt hätten, antwortet Kolumbus …

„Der Unterschied ist, meine Herren, dass Sie es _____ (haben) tun können,

ich hingegen _____ (haben) es getan."

b Markiere die Stellen, in denen im Text der Konjunktiv I (blau) und der Konjunktiv II (rot) verwendet werden. (3 P.)

c Trage vier Verben des Textes in die Tabelle ein. Bilde die fehlenden Formen. (4 P.)

Indikativ	Konjunktiv I	Konjunktiv II	würde-Ersatzform
die Anekdote erzählt …	erzähle	erzählte	würde erzählen
schafft			

2 **Kreuze für die unterstrichenen Verben an:**
Indikativ, Konjunktiv I oder Konjunktiv II? (4 P.)

	Indikativ	Konjunktiv I	Konjunktiv II
A Anekdoten über berühmte Persönlichkeiten <u>gibt</u> es sehr viele.	☐	☐	☐
B Nur sehr selten <u>beruhen</u> sie jedoch auf wahren Begebenheiten.	☐	☐	☐
C Aber wie oft zu lesen ist, so <u>sei</u> es auch nicht wichtig, ob diese wahr oder doch nur erfunden <u>seien</u>.	☐	☐	☐
D Was <u>wäre</u> die Welt doch auch langweilig, wenn wir immer nur an die Wahrheiten <u>glauben würden</u>.	☐	☐	☐

3
a Unterstreiche in der Anekdote über den Preußenkönig Friedrich den Großen die Personalformen des Verbs. (16 P.)
b Unterstreiche in jedem Satzgefüge den Nebensatz. (8 P.)
c Setze in den Sätzen A bis E die fehlenden Kommas an der richtigen Stelle. (5 P.)
d Kreuze in diesen Sätzen ebenfalls an, um welche Art von Nebensatz es sich handelt. (5 P.)
e Füge in den Sätzen F bis H jeweils passende Konjunktionen aus dem Wortspeicher ein. (3 P.)

	Adverbialsatz	Relativsatz	Infinitivsatz
A Eines Abends traf der Preußenkönig Friedrich II. im Empfangssaal seines Schlosses auf einen Mann der eine wertvolle Bronzeuhr von der Wand herunterzuheben versuchte.	☐	☐	☐
B Als dieser den König kommen sah unterbrach er sofort seine Tätigkeit und grüßte ihn ehrfurchtsvoll.	☐	☐	☐
C Friedrich hielt den Mann für einen Uhrmacher der den Auftrag zur Reparatur der Uhr hatte.	☐	☐	☐
D Der König stieg sogar auf einen Stuhl um dem vermeintlichen Handwerker zu helfen.	☐	☐	☐
E Nachdem dieser das kostbare Stück unter den Arm genommen hatte verbeugte er sich dankbar und verließ den Saal.	☐	☐	☐

F Am nächsten Tag meldete der Haushofmeister dem König, _____ die Bronzeuhr aus dem Empfangssaal gestohlen worden sei, _____ der Dieb bereits gefasst sei.

G _____ der Haushofmeister jedoch nach der Bestrafung des Täters fragte, lächelte der König nur.

H Man solle ihn getrost laufen lassen, _____ er ja selbst beim Stehlen mitgeholfen habe.

Wortspeicher
da • wobei • dass • als

4
a Markiere die Sätze oben, in denen die indirekte Rede verwendet wurde. (2 P.)
b Forme diese Sätze in die direkte Rede um. (2 P.)

_____

_____

_____

5
a Überprüfe deine Lösungen mit Hilfe des Lösungsheftes. Für jede richtige Antwort bekommst du einen Punkt.
b Trage ein, wie du die Aufgaben bewältigt hast: ✓ = das meiste richtig   ? = noch etwas unsicher.

Aufgabe	1 ☐	2 ☐	3 ☐	4 ☐
weitere Übungen	Seiten 76–78	Seiten 76–78	Seite 86	Seiten 76–78

Redewiedergabe richtig formulieren

Der Konjunktiv I

Indikativ (Wirklichkeitsform) und **Konjunktiv** (Möglichkeitsform) sind die beiden Aussageweisen des Verbs (Sg.: Modus; Pl.: Modi), z. B.:

Indikativ: *Er ist wunschlos glücklich.*

Konjunktiv: *Mögest du glücklich werden!*

Es gibt zwei Formen des Konjunktivs: Konjunktiv I und Konjunktiv II.

Die Formen des **Konjunktivs I** werden vom Infinitiv abgeleitet. Ihr besonderes Kennzeichen ist, dass die Endungen ein **e** enthalten.

Infinitiv	Indikativ Präsens	Konjunktiv I
wünsch-en	*er wünsch-t*	*er wünsch-e*

Der Konjunktiv I wird verwendet(,) ...

- um einen Wunsch oder eine Aufforderung auszudrücken (z. B. „*Er lebe hoch!*" „*Es möge dir gelingen!*").
- in der direkten Rede.

---

1 Zum Aufwärmen: Ergänze die fehlenden Formen im Konjunktiv I:

1. Person Singular *ich sei*　　　　　1. Person Plural *wir sind*

2. Person Singular *du ... seiest*　　　2. Person Plural *ihr seied*

3. Person Singular *Er sei*　　　　　　3. Person Plural *sie seien*

1. Person Singular _____　1. Person Plural _____

2. Person Singular _____　2. Person Plural *ihr müsset*

3. Person Singular _____　3. Person Plural _____

---

2 **a** Wage zu träumen! Setze dazu die Verben in der Konjunktivform ein.

W *Sei* _____ (sein) es, wie es *sei* _____ (sein).

_____ (haben) den Mut, deinen eigenen Verstand zu nutzen!

_____ (bewahren) immer die Ruhe, egal, was auch _____ (kommen)!

_____ (wagen) es nur!

_____ (kommen), was _____ (wollen)!

_____ (mögen) du immer die Kraft haben, mutig zu bleiben!

b Schreibe neben jede Sprechblase, was der Konjunktiv jeweils ausdrückt – Wunsch (W) oder Aufforderung (A)?

Der Konjunktiv II und seine Ersatzform

1 **a** Unterstreiche in den folgenden Sätzen die vorhandenen Konjunktivformen.

  b Ergänze die Sätze mit deinen eigenen Wünschen.

Hätte ich schon den Autoführerschein, dann

_____

_____

_____

Wenn ich mir einen Beruf wünschen könnte, dann

_____

_____

_____

Hätte ich eine Million Euro, dann

_____

_____

_____

Wenn ich mit der Schule fertig wäre, dann

_____

_____

_____

Wenn ich bereits volljährig wäre, dann

_____

_____

_____

2 **a** Alles (noch) nicht wirklich! Aufgepasst:
   Streiche die falsch gebildeten Formen durch.

  A Ich hätte/habe nichts dagegen, wenn man etwas
   unternehme/unternähme.

  B Wenn jetzt Sommer wäre/sei/ist/, dann schwämme/
   schwimme/schwömme ich jetzt im Meer.

  C Wüsste/wisse/weiß ich mehr, verstände/verstünde
   ich mehr, begreife/begriffe ich mehr.

  D Hieltest/hieltst du mich für begabt, zeichne/
   zeichnete ich häufiger.

  b Wähle aus den Sätzen A bis D drei Sätze aus und
   wandle diese in angemessene „würde"-Formen um.
   Schreibe in dein Heft.

Wörtliche Rede wiedergeben

Es gibt verschiedene Möglichkeiten, **Aussagen Dritter wiederzugeben:**
- **wörtliche Rede:** *Der Wissenschaftler sagt: „Unser Arbeitsleben verändert sich.“*
- **indirekte Rede mit Konjunktiv I:** *Der Wissenschaftler sagt, unser Arbeitsleben verändere sich.*
- **indirekte Rede mit Konjunktiv II** (wenn der Konjunktiv I genauso lautet wie der Indikativ) oder **Umschreibung mit „würde“:** *Der Wissenschaftler sagt, die Menschen müssten sich dieser Entwicklung anpassen.*
- **dass-Satz im Konjunktiv oder Indikativ:** *Er sagt, dass sich das Arbeitsleben verändert/verändere.*
- **Infinitivsatz:** *Man darf keine Angst davor haben, in die Zukunft zu blicken.*
- **Redebericht:** *Er berichtet über die Veränderungen im Arbeitsleben.*

1 **a** Im folgenden Lückentext sind wesentliche Aussagen in unterschiedlichen Formen der Redewiedergabe umformuliert worden. Setze die Verben in Klammern dazu in die passenden Formen ein.

1 Die Reporterin Miriam Hoffmeyer interviewte für die Süddeutsche Zeitung (SZ) drei Experten zum Thema „Arbeit 4.0“.   2 Zu Beginn ihres Interviews wirft sie die These auf, dass die Digitalisierung der Welt ja oft auch als vierte industrielle Revolution *bezeichnet würde* (wird bezeichnet).   3 Nach der Erfindung der Dampfmaschine, des Fließbandes und des Computers, so behauptet sie, _____ die Digitalisierung viele Arbeitsplätze _____ (überflüssig machen).   4 Die Experten stellten daraufhin jeweils ihre eigenen Prognosen vor.   5 Alle _____ sich darüber einig (sein), dass immer ein Konflikt zwischen Bewahrung des Bewährten und den Möglichkeiten der Veränderung _____ (bestehen).   6 Dennoch _____ (bietet) jede Veränderung auch Chancen.   7 Man _____ sich einig darin (sein), die Chancen mehr in den Vordergrund _____ (rücken).   8 Professor Kagermann beruhigt: „Auch künftig wird es keine Fabriken ohne Menschen geben.“

b Um welche Form der Redewiedergabe handelt es sich in den Sätzen oben? Schreibe die verwendete Form auf!

Satz	Form der Redewiedergabe	Satz	Form der Redewiedergabe
2	_____	5	_____
3	*indirekte Rede mit Konjunktiv I*	6	_____
4	_____	7	_____

2 Formuliere den achten Satz in die indirekte Rede um.

_____

_____

Teste dich!

Formen der Redewiedergabe

„Selbstbestimmung außer Kraft gesetzt" – Interview mit Yvonne Hofstetter

In einem ARD-Interview äußerte sich auch die Technologie-Unternehmerin Yvonne Hofstetter zur Frage, was künstliche Intelligenz für unsere gesellschaftliche Zukunft bedeutet. Hier sind ihre Antworten:

1 „Die Folge der Digitalisierung ist natürlich ein hoher Grad an Automatisierung. Das liegt daran, dass wir in der Digitalisierung viel kopieren können – auch den Menschen und menschliche Tätigkeiten. Wir alle haben die großen Automobilhersteller vor Augen: Die Herstellungsstraßen sind mit Robotern versehen. Das ist schon lange Realität.

2 Aber auch der dritte Sektor wird automatisiert werden: der Bereich der Dienstleistungen. Dabei geht

es auch um Berufe, bei denen wir bis heute davon ausgingen, dass sie gar nicht automatisierbar sind: Nachrichtenjournalisten, Komponisten oder Übersetzer etwa werden wegfallen. Wohl auch Rezeptionisten[1] an Hotellobbys.

3 In Japan hat dieses Jahr das erste Hotel eröffnet, das nur mit Robotern geführt wird. Da steht kein Mensch mehr hinter der Theke, sondern ein Roboter empfängt die Gäste – „Humanoide", die aussehen wie Frauen und entsprechend angezogen sind. Also, das wird kommen …"

1 Rezeptionist = jemand, der an der Rezeption/Anmeldung, z.B. eines Hotels, arbeitet

1 Fasse ihre Aussagen zum Thema zusammen, indem du …

a das Wichtigste des ersten Abschnitts in eigenen Worten wiedergibst. Forme dabei die direkte Rede in die indirekte Rede um. (4 P.)

Die Unternehmerin führt aus, dass die Digitalisierung einen hohen Grad _____

_____ .

Das _____ daran, _____

In der Automobilherstellung _____ Roboter schon lange Realität.

b die wichtigsten Aussagen des zweiten Abschnitts zitierst.
Füge dazu direkte Zitate in einen erklärenden Fließtext und verwende die richtige Zeichensetzung. (4 P.)

Ihrer Meinung nach wird _____ automatisiert werden.

Sie nennt Berufe, die bisher _____ galten.

c die Aussagen des dritten Abschnitts kurz zusammenfasst und in indirekter Rede wiedergibst. (4 P.)

_____

Vergleiche deine Ergebnisse mit dem Lösungsheft.

😃 12–9 Punkte	😐 8–5 Punkte	🙁 4–0 Punkte
Gut gemacht!	Gar nicht schlecht, aber lies dir die Merkkästen auf den Seiten 76–78 noch einmal genau durch.	Arbeite die Seiten 76–78 noch einmal sorgfältig durch.

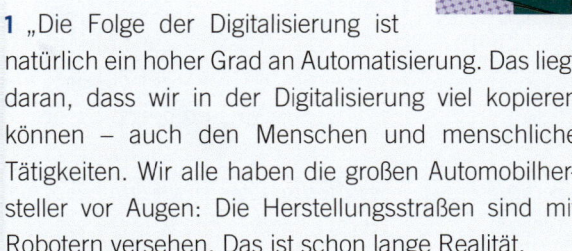

Den Schreibstil verbessern

Die Zeitformen im Blick haben

Information	Die Zeitformen (Tempora) der Verben				
Plusquamperfekt	**Perfekt**	**Präteritum**	**Präsens**	**Futur I**	**Futur II**
Das Plusquamperfekt gibt etwas wieder, was vor der Vergangenheit geschehen ist, über die im Präteritum oder Perfekt berichtet wird.	Das Perfekt verwendet man vorwiegend mündlich, um von etwas Vergangenem zu berichten.	Das Präteritum ist die einfache Zeitform der Vergangenheit.	Das Präsens wird verwendet, wenn etwas in der Gegenwart geschieht.	Das Futur I drückt ein zukünftiges Geschehen aus.	Im Futur II wird ausgedrückt, dass eine Handlung zu einem bestimmten Zeitpunkt der Zukunft abgeschlossen sein wird.
Nachdem es stark geregnet hatte, kam es zu Überflutungen.	*Im Sommer 2014 hat es stark geregnet.*	*Im Sommer 2014 regnete es stark.*	*Es regnet gerade.*	*Hoffentlich wird es morgen nicht regnen.*	*In einer Woche werden wir es geschafft haben.*

1 a Unterstreiche im folgenden Text alle Zeitformen der Verben.
   b Notiere im Heft für jeden Satz die Zeitformen (*A* = …, *B* = …).
   c Erkläre, wieso in den meisten Sätzen des Textes ausschließlich Präsens verwendet wird.

A War da ein Loch in der Luft? Turbulenzen beim Fliegen (Teil 1)

B Nachdem ich meine Flugangst überwunden hatte, C stieg sie nach meiner letzten Erfahrung wieder an.
D Starke Turbulenzen begleiteten meinen letzten Flug nach München. E Haben auch Sie Angst vor Turbulenzen? Dazu müssen Sie Folgendes wissen: F Luft bewegt sich in Schichten und oft in unterschiedliche Richtungen. G Bewegung herrscht in der Horizontalen und in der Vertikalen. H Warme Luft steigt – wir kennen das als Thermik, kühle Luft sinkt hingegen. I Wo solche Strömungen aufeinandertreffen, reiben sie sich aneinander.
J Was sich wie eine deutliche Höhenveränderung anfühlt, ist meist ein Absacken oder Steigen der Maschine um wenige Meter. K Aber auch in ganz normalen Gewittern kommt es zu Auf- und Abwinden, die Geschwindigkeiten von bis zu 180 km/h erreichen können. L Normalerweise werden Sie das nicht erleben, denn wenn es irgendwie möglich ist, umfliegen Passagierflugzeuge solche Zonen weiträumig.

2 Verwende die Zeiten entsprechend der Angabe in den Klammern. Schreibe in dein Heft.

Turbulenzen beim Fliegen (Teil 2)

Kleinere Unfälle passieren manchmal bei sogenannte Clear Air Turbulences (CATs), die nur in großen Höhen auftreten. Oft beruhen diese auf sogenannten Schwerewellen: Für den Flieger ? (*sein*/Präsens) das wie eine unsichtbare Brandung. Riskant wird es dann, wenn man sich nicht ? (*anschnallen*/Perfekt), wie zuletzt einige Passagiere bei einem Air Canada Flug: Die schweren CATs ? für die Piloten nicht vorhersehbar ? (*sein*/Plusquamperfekt), und die Fluggäste wurden leicht verletzt. Treten schwere CATs auf, ? Piloten ? (*versuchen*/Futur I), durch Höhenanpassung ruhigere Schichten zu finden und per Funk alle anderen warnen. Turbulenzen sind also weitgehend harmlos. Und mit jedem weiteren Flug ? Sie etwas ? (*gelassen werden*/Futur II).

Aktiv und Passiv unterscheiden

Information	Aktiv und Passiv

Das Aktiv und Passiv drücken eine **unterschiedliche Sicht auf ein Geschehen** aus:
- Das **Aktiv betont denjenigen, der** etwas tut oder **handelt**, z. B.: *Der Mensch bedient die Maschine.*
- Das **Passiv** betont, mit wem oder was **geschieht**, z. B.: *Die Maschine wird bedient.*

In Texten sollte man **Aktiv- und Passivformen** möglichst **abwechselnd** verwenden.

Der Turing-Test

Die Frage, ab wann eine Maschine als intelligent gilt, treibt die KI-Forschung seit Jahrzehnten um. (A)   Ein Messwerkzeug, das allgemein akzeptiert wird, ist der so genannte Turing-Test. Er wurde 1950 von dem britischen Mathematiker A.   Turing entwickelt: (B)   Ein Mensch kommuniziert über
5 längere Zeit parallel mit einem anderen Menschen und einer Maschine ohne Sicht- oder Hörkontakt – etwa über ein Chat-Programm. Mensch und Maschine versuchen, den Tester davon zu überzeugen, dass sie denkende Menschen sind. (C)   Wenn der Tester nach der Unterhaltung nicht mit Bestimmtheit sagen kann, welcher der Gesprächspartner ein Mensch und
10 welcher eine Maschine ist, hat die Maschine den Test bestanden und darf als intelligent gelten.

1 Bestimme in den markierten Sätzen die Aktiv- oder Passivformen nach ihren Tempusformen (= Zeitformen), z. B.: Präsens Passiv.

A *Präsens Aktiv*

B *Präteritum Passiv*

C *Präsens Aktiv*

2 Forme die folgenden Aktivsätze in Passivsätze um.
Achte dabei auf das richtige Tempus.

A Maschinen mit Künstlicher Intelligenz leisten Erstaunliches.

B Virtuelle Assistenten lernten, Fragen und Befehle von Menschen sinnvoll zu beantworten.

Fragen und Befehle von Menschen sinnvoll zu beantworten wurde von virtuellen Assistenten gelernt

C In den vergangenen fünf Jahren hat die KI-Forschung mehr als in den 50 Jahren zuvor erreicht.

D Die Menschen werden smarte Maschinen künftig brauchen.

smarte Maschienen werden künftig von Menschen gebraucht veram

Stärken stärken: Wortarten

●○○ **1**   **Trage die Fachbegriffe für die Wortarten an der richtigen Stelle ein.**

> **Wortspeicher**
>
> Nomen • Pronomen • bestimmte Artikel • Adjektiv • Verb • Konjunktion • Adverb • Personalpronomen •
> Präposition • Possessivpronomen • Demonstrativpronomen • Indefinitpronomen • unbestimmte Artikel

_____ *ich, du, er/sie/es, wir ihr sie*	A _____ *Bahn, Schnelligkeit, Höhe, …*	E _____ *bauen, einlenken, erkennen, …*	F _____ *und, wenn, weil, als, …*
_____ *mein, dein, unser …*	B _____	**Wortarten**	G _____ *abends, dort, bald, paarweise, …*
_____ *kein, jemand, etwas, alle, …*	_____ *dieser, jener, der, …*		H _____ *auf, an, mit, in, unter, …*
_____ *der, die, das*	C _____ *ein, eine, eines, …*	D _____ *bunt, gelenkig, freundlich, musikalisch, …*	

●○○ **2**   **Personal-, Possessiv- und Demonstrativpronomen können vorher genannte Nomen ersetzen. Dadurch lassen sich Wiederholungen vermeiden und Verknüpfungen im Satz herstellen. In dem Lexikoneintrag über den Stummfilm „Moderne Zeiten" von Charlie Chaplin ist sprachlich nicht alles gelungen.**
   a Unterstreiche sich wiederholende Nomen.
   b Schreibe als Stellvertreter geeignete Pronomen an den Rand. Manchmal passen mehrere.

„Moderne Zeiten" ist ein Spielfilm von Charlie Chaplin aus dem Jahre 1936.   _____

Der Spielfilm beschäftigt sich u. a. mit den Bedrohungen durch die industrialisier-   *dieser, er* ____

te Arbeitswelt. Schon zu Beginn des Spielfilms sieht man Arbeiter in einer Fabrik   _____

merkwürdige Maschinen bedienen, während der Direktor seine Arbeiter durch   _____

ein Monitorsystem überwacht. Während sie unter Hochdruck in der Fließband-   _____

fertigung arbeiten, kann der Direktor durch dieses auch dessen Geschwindig-   _____

keit verändern und somit den Produktionsdruck der Arbeiter beliebig verändern.   _____

Information   Wortwiederholungen vermeiden: Synonyme finden, „man" ersetzen

Die ständige Wiederholung bestimmter Wörter wirkt langweilig und schwerfällig.
Du kannst Wiederholungen vermeiden, indem du **Synonyme** oder **Umschreibungen** findest
(z. B. für Fernsehgerät: (Fernseh-)Apparat, Fernseher, TV).
Das Wörtchen **„man"** kann ersetzt werden: durch ein anderes Pronomen (z. B. *jemand, einer, wir*),
ein Nomen oder eine andere Satzkonstruktion, z. B. einen Passivsatz oder einen Infinitivsatz.

●●○ **3** Überarbeite den Text in deinem Heft, indem du die ständige Wiederholung des Wortes „Arbeit" vermeidest.
Ersetze dazu die markierten Wörter mit passenden Begriffen aus dem Wortspeicher.

Wortspeicher

drehen (3 x) • rotieren • laufenden • Beschäftigung • Aufgabenbereich • schraubend • Aufgabe • Tätigkeit

Nach einiger Zeit gerät Charlie komplett in das Maschinengetriebe der arbeitenden _____ Anlage.

Dort arbeitet _____ er wie in einem Zwang – während riesige Zahnräder um ihn herum arbeiten

_____ – an den dortigen Schrauben. Die Arbeit _____ macht ihn plötzlich völlig

verrückt. Mit seinen zwei Schraubenschlüsseln rennt er, von seiner Arbeit _____ völlig eingenommen,

hinter der Sekretärin seines Arbeitgebers her, da er ihre großen Kleidungsknöpfe für Schraubenköpfe hält, an denen

er weiterarbeiten _____ soll. Wild arbeitend _____ auf der Straße angelangt, lenken

ihn die Schrauben eines Straßenhydranten ab. Als eine Passantin in einem Kleid mit übergroßen Knöpfen vorbei-

geht, will er nun an diesen weiterarbeiten _____. Ein herbeigerufener Polizist verfolgt Charlie,

der zurück zu seinem Arbeitsbereich _____ rennt, nicht ohne am Zugang wieder die Stempeluhr

zu bedienen. Später verliert er seine Arbeit _____ und landet in einer psychiatrischen Anstalt.

●●● **4** **a** Mache dir klar, wie oft das Pronomen „man" im folgenden Text auftaucht, indem du es markierst.
b Ersetze „man" durch abwechslungsreiche Formulierungen aus dem Wortspeicher. Schreibe in dein Heft.

Man stellt die Arbeiter ... dar, ... → Die Arbeiter werden als ... dargestellt, ...

Der Film kritisiert den durch die Industrialisierung hervorgerufenen Verlust von Individualität durch Zeitdruck und

gleichförmige, durch Maschinen geprägte Arbeitsabläufe. Man stellt die Arbeiter in der Fabrik als abgestumpft

dar, nur bei der Hauptfigur kann man menschliches Einfühlungsvermögen erkennen. Die Maschinen empfindet

man dabei nicht nur wegen ihrer Größe als bedrohlich. Man ist entsetzt, wie diese Maschinen neben Material

auch Menschen in ihr Räderwerk aufnehmen und drohen, die Arbeiter zu zerstampfen und zu zermalmen. Nur mit

Glück kann man ihnen wieder entgehen und wird dann sozusagen ausgespuckt.

Wortspeicher

werden als Bedrohung empfunden • glücklich ist, wer ... entgehen kann • weckt beim Zuschauer Entsetzen •
menschliches Einfühlungsvermögen lässt sich erkennen

Das Feldermodell: Die Struktur von Sätzen beschreiben

Information   Das Feldermodell

Das **Prädikat** als Kern des Satzes kann aus einem oder aus mehreren Teilen bestehen.
Mehrteilige Prädikate bilden im Aussagesatz eine Satzklammer und unterteilen den Satz in Felder.

- Im **Vorfeld** steht im Aussagesatz ein Satzglied, häufig das Subjekt.
- In der **linken Satzklammer** steht das finite Verb. Im Feldermodell besetzt die einleitende Konjunktion oder das Relativpronomen von Nebensätzen die Stelle der linken Satzklammer.
- Im **Mittelfeld** können mehrere Satzglieder stehen.
- Die **rechte Satzklammer** ist ein unveränderbares Verbteil.
- Das **Nachfeld** bleibt häufig unbesetzt oder enthält einen Nebensatz.

---

1 **a** Unterstreiche im folgenden Text die Hauptsätze.
    b Markiere in den Hauptsätzen die Subjekte grün und die Prädikate rot.

Eine kleine Geschichte der Robotik

Die Erfindung des Roboters markierte einen weiteren Schritt in der Veränderung der Arbeitswelt. Als Roboter bezeichnet man eine Maschine, die Menschen Arbeit abnehmen sollte. Bereits in der Antike wurden erste Versuche mit Automaten durchgeführt, welche aber mit dem Niedergang der antiken Kulturen wieder verschwanden. Da uns Aufzeichnungen aus dem 15. Jahrhundert über Androiden bekannt sind, wissen wir auch von der Beschäftigung Leonardo da Vincis mit solchen klassischen Automaten. Natürlich reichte der technische Kenntnisstand der damaligen Zeit noch nicht aus, um derartige Pläne auch zu verwirklichen. Nachdem 1740 Jacques de Vaucanson bereits einen Flöte spielenden Automaten, eine mechanische Ente sowie den ersten programmierbaren vollautomatischen Webstuhl erfunden hatte, entwickelte sich diese Idee weiter. Als Ende des 19. Jahrhunderts besonders das Militärwesen an solcherlei Automaten Interesse entwickelte, wurden in diesem Bereich große Anstrengungen unternommen.

2 Trage die ersten drei Sätze in das Feldermodell ein.

Hauptsätze

Vorfeld	linke Satzklammer	Mittelfeld	rechte Satzklammer	Nachfeld

Nebensätze

Vorfeld	linke Satzklammer	Mittelfeld	rechte Satzklammer	Nachfeld

Wiederholung: Satzglieder bestimmen

Information **Satzglieder erkennen und bestimmen**

Ein Satz besteht aus verschiedenen **Satzgliedern.** Diese Satzglieder können aus einem einzelnen Wort oder aus mehreren Wörtern (einer Wortgruppe) bestehen. Mit der **Umstellprobe** lässt sich feststellen, wie viele Satzglieder ein Satz hat. Wörter und Wortgruppen, die bei der Umstellprobe immer zusammenbleiben, bilden ein Satzglied.
Ein Satz besteht mindestens aus **Subjekt** und **Prädikat.** In vielen Sätzen wird ein **Objekt** hinzugefügt.
Adverbiale Bestimmungen sind Satzglieder, die im Satz zusätzliche Informationen geben.
Attribute bestimmen ein Bezugswort näher und sind immer Teil eines Satzglieds.
Mit der **Frageprobe** lassen sich die einzelnen Satzglieder bestimmen.

1 Ergänze die Übersicht mit den folgenden Fachbegriffen.

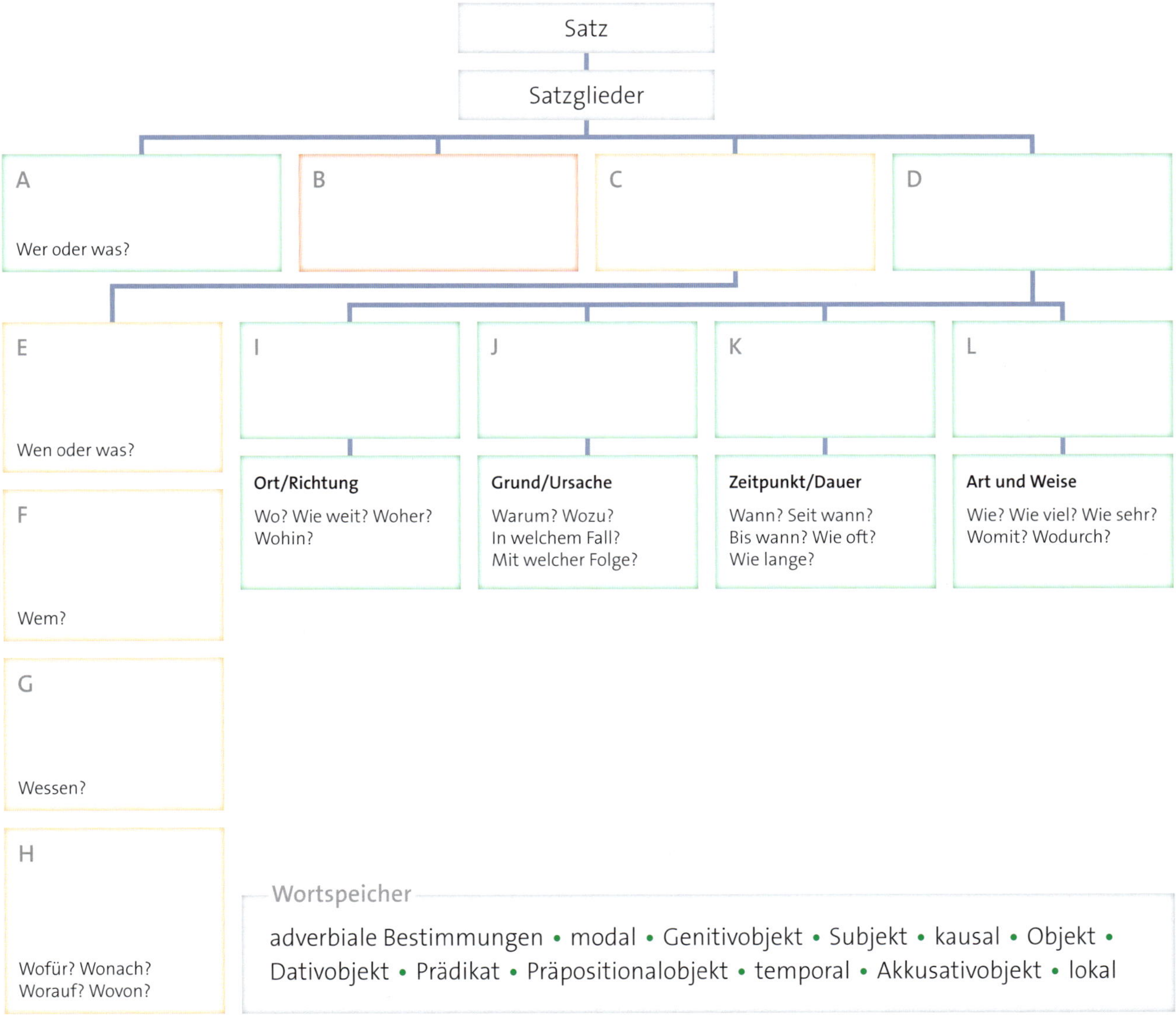

Satz

Satzglieder

| A | B | C | D |
| Wer oder was? | | | |

| E | | I | J | K | L |
| Wen oder was? | | | | | | |

| | Ort/Richtung | Grund/Ursache | Zeitpunkt/Dauer | Art und Weise |
| | Wo? Wie weit? Woher? Wohin? | Warum? Wozu? In welchem Fall? Mit welcher Folge? | Wann? Seit wann? Bis wann? Wie oft? Wie lange? | Wie? Wie viel? Wie sehr? Womit? Wodurch? |

F

Wem?

G

Wessen?

H

Wofür? Wonach? Worauf? Wovon?

Wortspeicher

adverbiale Bestimmungen • modal • Genitivobjekt • Subjekt • kausal • Objekt • Dativobjekt • Prädikat • Präpositionalobjekt • temporal • Akkusativobjekt • lokal

2 Stelle im folgenden Satz die Satzglieder um.
   a Übernimm für die Umstellprobe die Tabelle zum Feldermodell von Seite 84 in dein Heft und trage ins Vorfeld jeweils ein anderes Satzglied ein.
   b Bestimme anschließend die Satzglieder.

Im Laufe der Geschichte zwangen neue Errungenschaften die Menschheit zu weiteren Veränderungen.

Sätze abwechslungsreich gestalten

Information	Satzreihe und Satzgefüge

Mit **Satzverknüpfungen** kann man Zusammenhänge verdeutlichen und Texte abwechslungsreich formulieren. **Nebenordnende Konjunktionen** (z. B. *und, oder, denn, aber, doch*) verbinden zwei oder mehr Hauptsätze zu Satzreihen. Vor der Konjunktion steht ein Komma, nur vor den Konjunktionen *und* bzw. *oder* kann es entfallen. **Unterordnende Konjunktionen** (z. B. *als, weil, damit*) und **Relativpronomen** (z. B. *der, die, das*) verknüpfen selbständige Hauptsätze und abhängige Nebensätze zu **Satzgefügen.** Haupt- und Nebensatz werden durch ein Komma getrennt. Nebensätze (außer Relativsätze) können vor oder nach dem Hauptsatz stehen oder in ihn eingeschoben werden.

1 Formuliere die folgenden Sätze nach dem Beispiel entsprechend der vorgegebenen Satzmuster um.
Als Hilfe sind die Konjunktionen und Relativpronomen angegeben.
Beachte: Manchmal müssen Wörter umgestellt, ergänzt, ersetzt oder weggelassen werden!

A Den größten Sprung machte jedoch die Industrialisierung. Sie kam zum Ende des 18. und dem Beginn des 19. Jahrhunderts auf. → Hs – Ns (die)

Den größten Sprung machte jedoch die Industrialisierung, die zum Ende des 18. und dem Beginn des 19. Jahrhunderts aufkam.

B Als die industrialisierte Produktion immer größere Fabriken hervorbrachte, führte dies auch zum Wachstum der Städte. → Hs – Hs (und)

_____

_____

C Im 19. Jahrhundert wurde erstmals mit einem Fließband gearbeitet, weil sich dadurch die Produktion steigern lassen konnte. → Hs – Hs (denn)

_____

_____

D Henry Ford führte sie im Jahre 1913 zum Bau seiner Automobile ein. Der Siegeszug der Fließbandarbeit begann. → Ns – Hs (nachdem)

_____

_____

2 a Unterstreiche im folgenden Satz Hauptsatz und Nebensatz.
b Markiere das Prädikat im Hauptsatz.
c Bestimme die Art des Nebensatzes.
d Arbeite in deinem Heft weiter. Trage den Satz in das Feldermodell ein.

Im Laufe des 20. Jahrhunderts übernahmen immer mehr Maschinen und Roboter Arbeiten, die früher von Menschen ausgeführt worden waren.

Teste dich!

Den Schreibstil verbessern

1 Verbessere den folgenden Text. Schreibe in dein Heft.
  a Wandle die Sätze A und B ins Passiv um. (2 P.)
  b Verbinde die Sätze C und D zu einem Satzgefüge. Setze dabei Satz C ins Aktiv. (2 P.)

A Am 17. Juli 2015 eröffnete man das Hotel „Henna", was auf Deutsch „das seltsame Hotel" bedeuten würde, in Sasebo/Nagasaki. B Roboter betreiben das Hotel fast komplett. C Komfort wird hier zum kleinen Preis angeboten. D Das ist das Hauptziel des neuen Hotelkonzepts.

2 **a** Markiere im folgenden Text die Wiederholung. (1 P.)
  b Verbessere den Satz, indem du einmal das wiederholte Wort ersetzt und indem du ein Satzgefüge mit Relativsatz bildest. (2 P.)

Insgesamt arbeiten im Hotel mindestens acht Roboter. Die Roboter werden an der Rezeption, im Service, als Gepäckträger, an der Schließfachverwaltung und beim Putzen eingesetzt.

Ersatzprobe: _____

Relativsatz: _____

3 **a** Markiere in den folgenden Sätzen die fehlerhaft formulierten Nebensätze. (2 P.)
  b Korrigiere die Sätze und schreibe sie neu in dein Heft. (2 P.)

An der Rezeption werden die Gäste von freundlichen Robotercharakteren empfangen, die sind aber teilweise auch seltsam. Die englischsprachigen Gäste werden zuerst etwas verwundert sein, da sie begrüßt werden von einem Dinosaurier und nicht, wie die japanischen Gäste, von einer Roboterdame.

4 Stelle im folgenden Satz die Satzglieder um.
  a Übernimm für die Umstellprobe die Tabelle zum Feldermodell von Seite 85 in dein Heft und trage ins Vorfeld jeweils ein anderes Satzglied ein. (3 P.)
  b Bestimme anschließend die Satzglieder im Hauptsatz. (3 P.)

Die Identifizierung der Gäste soll über Gesichtserkennung geschehen, damit das Hotel schlüssellos betreten werden kann.

5 Der folgende Satz ist nicht leserfreundlich formuliert. Verbessere ihn, indem du mehrere Sätze daraus bildest. Du kannst z. B. Relativsätze zu Attributen verkürzen oder neue Relativsätze bilden. Schreibe die überarbeiteten Sätze in dein Heft. (5 P.)

Um den Gepäckträger, der vollautomatisch ist, zu bedienen, muss man einfach die Nummer, die das eigene Zimmer hat, eingeben und der Roboter erledigt die Arbeit, dabei spielt er, typisch japanisch, Gute-Laune-Musik, während er den Koffer auf das Zimmer bringt, aber auch das Zimmer wird durch einen bequem über ein Tablet steuerbaren Roboter gereinigt.

Um den vollautomatischen Gepäckträger zu bedienen, muss man …

Vergleiche deine Ergebnisse mit dem Lösungsheft.

🙂 18–13 Punkte	😐 12–8 Punkte	🙁 7–0 Punkte
Gut gemacht!	Gar nicht schlecht, aber lies dir die Merkkästen auf den Seiten 80–86 noch einmal genau durch.	Arbeite die Seiten 80–86 noch einmal sorgfältig durch.

Das kann ich schon! – Rechtschreibung

1 **a** Schreibe die Sätze A bis E in dein Heft ab.
Prüfe die Großschreibung mit der Probe: Gibt es Nomenbegleiter? (5 P.)
b Unterstreiche in jedem Satz die Nominalisierung. (5 P.)

A JULIUS HAT BEI SEINER ANMELDUNG ZUM POETRY-SLAM NEUES ERFAHREN.

B WICHTIG IST VOR ALLEM AUSDRUCKSVOLLES SPRECHEN.

C OHNE MODERATION ENTSTEHT BEIM SLAM EIN CHAOTISCHES HIN UND HER.

D WÄHREND DES VORTRAGS IST DAZWISCHENRUFEN STÖREND.

E ENTNERVEND IST IN KOMMENTAREN EIN STÄNDIGES „ABER ...".

2 Umkreise bei farbig unterlegten Wörtern den richtigen Anfangsbuchstaben. (13 P.)

Ist Rechtschreibung überbewertet?

Während manche behaupten, r/Rechtschreiben werde überbewertet, halten andere richtige Orthographie für ein m/Muss für j/Jung und a/Alt. Einige Banken zum Beispiel recherchieren bei neuen Kunden im Netz nach g/Geschriebenem, um von deren Bildung auf ihre Kreditwürdigkeit zu schließen. Das kann j/Jemandem mit Rechtschreibunsicherheiten a/Angst und b/Bange machen. Nach mehreren Rechtschreibreformen ist manch einer dauerhaft u/Unsicher. Einige literarische Texte, etwa von Bertolt Brecht, darf man bis auf w/Weiteres nur in der nicht r/Reformierten Rechtschreibung abdrucken. Über k/Kurz oder l/Lang verliert da jeder einmal die Orientierung und schlägt im Wörterbuch nach.

3 Im Text von Aufgabe 2 kommt das Fremdwort für Rechtschreibung vor:
Notiere es hier und schreibe auch die eingedeutschte Schreibung des Fremdwortes auf. (2 P.)

Fremdwort: _____

eingedeutschte Schreibung: _____

4 Prüfe die folgenden Schreibweisen der Tageszeiten und Wochentage:
Jeweils eine ist falsch geschrieben, streiche sie durch. (6 P.)

VORSICHT FEHLER!

A am kommenden Montag – am Kommenden Montag

B vor Einiger Zeit – vor einiger Zeit

C Samstagnacht – Samstag Nacht

D jeden Dienstag – jeden dienstag

E heute Morgen – Heute Morgen

F am gestrigen Abend – am Gestrigenabend

5 Schreibe die Eigennamen und Herkunftsbezeichnungen richtig ins Heft. (6 P.)

Am 1. 8. 2006 ist IN DEUTSCHLAND, ÖSTERREICH UND DER

SCHWEIZ sowie IN ALLEN ANDEREN DEUTSCHSPRACHIGEN

TEILEN EUROPAS die Neuregelung der deutschen Rechtschrei-

bung in Kraft getreten, die VOM RAT FÜR DEUTSCHE

RECHTSCHREIBUNG, der für die Orthografie verbindlichen

zwischenstaatlichen Instanz, erarbeitet wurde.

Nach dem BESCHLUSS DER STÄNDIGEN KONFERENZ DER

KULTUSMINISTER DER LÄNDER IN DER BUNDESREPUBLIK

DEUTSCHLAND galt eine einjährige Übergangsfrist, bevor die

neue Rechtschreibung an DEUTSCHEN SCHULEN notenrelevant

wurde. Am 31. 7. 2009 ist diese Frist auch an SCHWEIZER UND

LIECHTENSTEINISCHEN SCHULEN abgelaufen.

6 Drei der Wörter mit Fragezeichen werden zusammengeschrieben. Schreibe sie auf. (3 P.)

Handschrift – eine vergessene Kunst

Schon in der Grundschule sollen Schüler/-innen sauber ? schreiben. Manche lang ? weilen sich dabei. Zunehmend ist zu beobachten, dass Kindern, aber auch Erwachsenen, eine schöne, individuelle Handschrift abhanden ? kommt. In Finnland bevorzugt man es, dass Schüler/-innen nur noch tippen ? lernen. Kritisch ? beäugen dies Lehrkräfte in deutschen Schulen. Sie heben hervor, dass sie diese Schreibmethode nicht statt der Handschrift ein ? führen wollen.

zusammengeschrieben werden: _____

_____

7 **a** Kreuze für jede Zeile an: Welche Strategie hilft, die richtige Schreibweise zu klären?
Tipp: Kreuze, wo nötig, zwei Strategien an. (5 P.)
b Notiere das richtige Wort rechts. (3 P.)

	zerlegen	ableiten	verlängern	
A Ste- ? hvermögen	☐	☐	☐	_____
B Gleu ? äubiger	☐	☐	☐	_____
C ent ? dgültig	☐	☐	☐	_____

8 **a** Überprüfe deine Lösungen mit Hilfe des Lösungsheftes. Für jede richtige Antwort bekommst du einen Punkt.
b Trage ein, wie du die Aufgaben bewältigt hast: ✓ = das meiste richtig ? = noch etwas unsicher.

Aufgabe	1 ☐	2 ☐	3 ☐	4 ☐	5 ☐	6 ☐	7 ☐
Weitere Übungen	Seite 90	Seite 90	Seiten 91–94	Seiten 91–94	Seiten 91–94	Seiten 91–94	Seiten 91–94

Groß- und Kleinschreibung

Nominalisierung und Denominalisierung

Information	Nominalisierung und Denominalisierung

Verben, Adjektive, Adverbien und Wörter anderer Wortarten schreibt man in der Regel **groß,** wenn sie im Satz **als Nomen gebraucht** werden. Du erkennst eine Nominalisierung meist an ihrem **Begleitwort.**
Das kann z. B. sein: ein **Artikel** *(das Zuhören)*, ein **Pronomen** *(dieses Überflüssige)*, ein **Adjektiv** *(langes Zögern)*, eine **Präposition** *(im Allgemeinen)*.
Hinweis: Nicht jedes nominalisierte Wort wird durch einen Nomenbegleiter angekündigt. Mache die **Probe:** Wenn du einen **Nomenbegleiter** (z. B. einen Artikel) ergänzen kannst, schreibst du groß, z. B.:
In der Schule bereitet mir (das/intensives) Theaterspielen große Freude.
Wörter, die in ihrer Form auch als Nomen vorkommen, aber selbst keine Merkmale von Nomen aufweisen, nennt man **Denominalisierungen.** Man schreibt sie **klein,** z. B.: <u>*kraft* seines Amtes als Theaterdirektor, <u>*zeit*</u> seines Lebens als Schauspieler.</u>
Sie können als **Adverbien** *(sonntags)*, **Adjektiv** in Verbindung mit **sein, werden, bleiben** *(mir ist angst und bange)*, **Präposition** *(kraft, dank)* oder **Zahlwort** *(ein paar)* auftreten.
Hinweis: Das Wort *kein* gilt immer als Nomenbegleitwort (Artikelwort) und ist ein Indikator für die **Großschreibung,** z. B.: *Er hat <u>keine</u> Angst. Ihn trifft <u>keine</u> Schuld.*

1 Unter den Wörtern in Großbuchstaben befinden sich Nominalisierungen und Denominalisierungen.
a Markiere die Nominalisierungen grün und die Denominalisierungen gelb. Achte auf Signalwörter!
b Schreibe den Text dann in richtiger Groß- und Kleinschreibung in dein Heft.

Alles Theater? Verhalten im Zuschauerraum

Klagen über mangelndes BENEHMEN von Theaterbesuchern sind so alt wie die Kunst selbst. Man beanstandet HUSTEN, KNISTERN, FLÜSTERN. Nun sehen sich die Schauspieler auf der Bühne etwas STÖRENDEM ausgesetzt, das kaum zu stoppen ist: dem Smartphone. Unter den ZUSCHAUENDEN sind viele daran gewöhnt, ständig online zu sein. Die Theaterschauspieler sind es LEID, von leuchtenden Displays und leisem KLINGELN gestört zu werden. Ihnen wäre es RECHT, wenn Theaterdirektoren konsequenter gegen die Nutzung des Smartphones in den Vorstellungräumen vorgehen würden, um des Stückes WILLEN. Ausdrückliches AUSWEISEN von „Tweet Seats" in den hinteren Reihen war dagegen der Einfall eines Broadway-Produzenten. Ausgiebiges TWITTERN während des Stückes fanden die Broadway-Schauspieler KLASSE und das LEUCHTEN der Displays war SEITENS des Theaters sogar gewünscht.

2 Nominalisierung oder Denominalisierung?
a Entscheide dich für die richtige Schreibweise in den Sätzen und trage sie in die Lücken ein.
b Begründe mit Proben.

Der Schauspieler hat meist keine (schuld/Schuld) _____ an Texthängern.

Begründung:	_____

_____

Das störende Verhalten der Zuschauer ist nämlich (schuld/Schuld) _____ an solchen Patzern.

Begründung:	_____

_____

Zusammenhang von Groß-und Kleinschreibung und Getrennt- und Zusammenschreibung

---

Information   Wortgruppen aus Nomen und Verb

Wortgruppen (feste Verbindungen) aus **Nomen und Verb** werden im Normalfall **groß- und getrennt geschrieben**, z. B. *Rad fahren, Schlange stehen, Klavier spielen.*
Hinweis: Dies lässt sich durch die **Bildung einer Nominalgruppe** beweisen, z. B.:
Ich wollte (das batteriebetriebene) Rad fahren.
Achtung: Wird die Wortgruppe **nominalisiert,** schreibt man sie **groß und zusammen**, z. B.:
Die App lehrt das richtige Mülltrennen.

---

1 Für den folgenden Text zeigt das Textverarbeitungsprogramm einige Fehler an.
Nicht immer sind die Wortgruppen falsch geschrieben. Schreibe sie richtig in dein Heft.
Hinweis: Achte auf Nominalisierungen und schreibe diese zusammen und groß.

„Grüne" Apps

Auch wenn manche Apps viel zu viel Zeit [?] rauben, so können die digitalen Helferlein zu wahren
Umweltrettern werden. Ökologisch Maß [?] halten per App – der Umwelt zu Liebe. Umweltbewusste
App-Entwickler haben Apps programmiert, die im Stande [?] sind, unser Konsumverhalten und den
Umgang mit Ressourcen zu analysieren. So wird zum Beispiel zum Halt [?] machen vor unnötigem
Wasserverbrauch per App aufgefordert, indem sie den täglichen Verbrauch an Wasser [?] berechnet und
Tipps gibt zum Wasser [?] sparen. Noch weiter geht eine von der Uni Potsdam entwickelte App, die ihren
Nutzern jede Woche neue Aufgaben stellt. In der einen Woche müssen die Nutzer Acht [?] geben auf
unnötige Plastikverpackungen, in der anderen alle Nahrungsmittel aus ihrem Speiseplan entfernen, die
auf ihrem Weg in die Supermarktregale Schiff [?] fahren oder mit dem Flugzeug [?] fliegen. So fördert auch
das Smartphone ein breites Umweltschutz [?] denken.

Information   Feste Verbindungen aus Präposition und Nomen

Feste Verbindungen von Präposition und Nomen werden **groß- und getrennt geschrieben.** Wenn der ganze
Ausdruck als Präposition fungiert, ist es möglich, diesen auch klein- und zusammen zu schreiben, wie z. B.:
auf Grund / aufgrund, in Stand setzen / instand setzen, mit Hilfe / mithilfe, von Seiten / vonseiten, zu Gunsten / zugunsten.
Merkwörter: *zu Händen, in Betracht (kommen), in Kauf nehmen.*

---

2   **a** Bilde aus den Wörtern im Wortspeicher mindestens vier Verbindungen aus Präposition und Nomen.
    b Schreibe zu zwei Verbindungen einen Satz auf.

Wortspeicher

in • auf • zu • mit • von • Seiten • Leide tun • Frage stellen • Hilfe • Händen • Grund • Hause •
Anbetracht • Gunsten

Teste dich!

Groß- oder Kleinschreibung?

1 Ergänze die folgende Regel zur Schreibung von Nominalisierungen. Streiche falsche Angaben und trage Fehlendes ein. (6 P.)

Nominalisierungen / Denominalisierungen nennt man Wörter anderer Wortarten, die im Satz als Nomen gebraucht werden. Man schreibt sie groß / klein. Begleitwörter im Satz sind:

A ein _____ , z. B. *das* Prüfen   C ein _____ , z. B. *dieses* Helfen

B ein _____ , z. B. *viel* Nützliches   D eine _____ , z. B. *im* Allgemeinen

2 Nominalisierung oder Denominalisierung?
Umkreise den richtigen Buchstaben. (4 P.)

A Ein P/paar Übungen mehr wären hilfreich.   C Du hast nur ein P/paar Schuhe dabei?

B Ich bin völlig P/pleite!.   D Diese P/pleite kann wohl keiner ertragen.

3 Notiere für jede Wortgruppe die richtige Schreibung und begründe diese. (6 P.)

A ANGST UND BANGE SEIN: _____ , *weil* _____ .

B MITTEN INS HERZ: _____ , *weil* _____ .

C KEINE SCHULD TRAGEN: _____ , *weil* _____ .

4 Setze die angegebenen Wörter in der richtigen Form und Schreibung in die Lücke ein. (6 P.)

Mit kleinen Plastikfigürchen Weltliteratur nachspielen

Ein Autor, Regisseur und Dramaturg erklärt Lesemuffeln _____ (MHLIFETI) von kleinen

Plastikfigürchen auf einem Videoportal die großen Werke der Weltliteratur. Das _____

(FMILEDRHEEN) mit den kleinen Figuren bereitet ihm viel Freude. Ob es auch den Schülern _____

(GTZUEU) kommt, bleibt fragwürdig. Denn so können sie sich vorm _____ (ÜBCHLESREN)

drücken und stattdessen _____ (VDESOISHCUANE). Sinnvoller wäre es jedoch, wenn

die Schüler wieder selbst _____ (ÜBCHLESREN) würden.

Vergleiche deine Ergebnisse mit dem Lösungsheft. Für jede richtige Antwort bekommst du einen Punkt.

☺ 22–16 Punkte	☺ 15–9 Punkte	☹ 8–0 Punkte
Gut gemacht!	Gar nicht schlecht, aber lies dir die Informationskästen auf den Seiten 90 bis 92 noch einmal genau durch.	Arbeite die Seiten 90 bis 92 noch einmal genau durch.

Getrennt- und Zusammenschreibung

Verbindungen mit Verb

Information   **Verbindungen mit Verb im Überblick**

1 Wortgruppen aus **Nomen und Verb** und **Wortgruppen mit sein** werden **immer getrennt** geschrieben,
z. B.: *Computer spielen, reich sein.*

2 Wortgruppen aus **Verb und Verb** können **immer getrennt** geschrieben werden, z. B.:
kennen lernen, einkaufen gehen, gelobt werden.

3 Wortgruppen aus **Adjektiv und Verb** werden **meist getrennt** geschrieben, z. B.:
schnell reden.
Aber: Entsteht durch die Verbindung von Adjektiv und Verb ein **Wort mit neuer Gesamtbedeutung,**
schreibt man zusammen, z. B.:
schwerfallen (= Mühe bereiten).

4 Wortgruppen aus **Adverb und Verb** werden in der Regel
– **zusammengeschrieben,** wenn die **Hauptbetonung auf dem Adverb** liegt, z. B.:
Wir müssen <u>zusammen</u>halten.
– **getrennt geschrieben,** wenn **Adverb und Verb gleich betont** werden, z. B.:
Wir sollten den Vortrag zusammen (in der Gruppe) halten.
Hinweis: Mache die Erweiterungsprobe! Wenn ihr ein Wort oder eine Wortgruppe zwischen Adverb und
Verb einfügen könnt, schreibt ihr getrennt.

5 Verbindungen aus **Präposition und Verb** schreibt man in der Regel **zusammen,** z. B.:
durchsagen, abfahren.

---

1 Markiere in den folgenden Beispielen Wortgruppen aus Adjektiv und Verb, die auch zusammengeschrieben
werden können und dann eine neue Gesamtbedeutung erhalten. Erkläre die neue Gesamtbedeutung.

Wortspeicher

schwarz **?** malen • frei **?** halten • nahe **?** liegen • fertig **?** werden • näher **?** bringen • frei **?** setzen •
fertig **?** machen • fern **?** bleiben • leben **?** lassen • fest **?** halten • groß **?** ziehen • tief **?** stapeln •
fest **?** legen • fertig **?** bringen

---

2 **a** Kreuze für jede der folgenden Verbindungen aus Adverb und Verb an, ob Getrennt- oder
Zusammenschreibung richtig ist.
b Begründe die Getrenntschreibung.

	zusammen	getrennt
A Social-Media-Nutzer wollen gemeinsam mit Datenschützern die Stärkung ihrer Rechte über ihre Daten weiter voran **?** treiben. _____	☐	☐
B Vielen Menschen, die ihre privaten Bilder auf diversen Plattformen miteinander **?** austauschen, ist nicht bewusst, dass man diese nie wieder aus dem Internet zurück **?** holen kann. _____	☐ ☐	☐ ☐
C Wenn Smartphone-Nutzer sich wieder **?** holt über zu langsame Geräte beschweren, so handelt es sich meist um ein Daten-Müll-Problem, das wieder **?** kommt, wenn man das Gerät nicht aufräumt. _____	☐ ☐	☐ ☐
D Die Arbeit von Datenmanagern wird in den nächsten Jahren weiter **?** wachsen und einige Aufgaben werden dazu **?** kommen. _____	☐ ☐	☐ ☐

3 a Bilde mit jeder der folgenden Präpositionen zwei Verbindungen und schreibe sie auf.

●●● b Unterstreiche alle trennbaren Verbindungen.

c Bilde mit mindestens vier Verbindungen, die eine Zusammenschreibung verlangen, je einen Satz in deinem Heft.

| vor • nach • über • unter • hinter • mit • bei • durch • auf • ab | | fragen • machen • sprechen • geben • denken • nehmen • führen • sehen • legen • kommen • laufen • schreiben • hören |

_____

_____

_____

_____

_____

Bindestrichschreibung

Information   Bindestriche bei Aneinanderreihungen

■ In **Aneinanderreihungen und Zusammensetzungen mit Wortgruppen** setzt man Bindestriche zwischen die einzelnen Wörter, z. B.: *das Sowohl-als-auch, Mund-zu-Mund-Beatmung, Latte-macchiato-Glas.*
Das gilt auch, wenn **Buchstaben, Ziffern oder Abkürzungen Teile einer Zusammensetzung sind,** z. B.: *G-Moll-Tonleiter, 2.-Klasse-Abteil, 2-Zimmer-Wohnung, 1000-m-Lauf.*

■ Auch **Zusammensetzungen mit Abkürzungen** werden meist mit Bindestrich geschrieben, z. B.: *IQ-Test, ca.-Preis, die 1980er-Jahre, US-amerikanische Forscher.*
Achtung: Bei Nominalisierungen schreibt man nach dem Bindestrich groß, z. B.: *das 10-Fache.*

1   In den folgenden Sätzen fehlen in fünf Zusammensetzungen die Bindestriche. Trage sie ein.

Sonnenbrillen schützen unser Auge vor UV Strahlen. Nun sollen Brillen mit speziellem Blaufilter uns auch vor dem blau violetten Licht, das von PCs, Tablets und Smartphones
5 ausgeht, bewahren.
Will man etwas für die Umwelt tun, sollte man nachts die elektronischen Geräte nicht nur auf den Stand by Modus setzen, sondern direkt ausschalten.
10 Ganz ohne Navigationssystem gelangen die Zugvögel im Herbst wieder zum x ten Mal in ihre südlichen Winterquartiere.
Mit der Erste Hilfe App des Deutschen Roten Kreuz ist es möglich, den Nutzer in einer
15 Notfallsituation zu unterstützen.

Stärken stärken: Merkwörter einprägen und Regeln der Getrennt- und Zusammenschreibung anwenden

○○ **1** Vervollständige die Merkliste, indem du weitere Wortverbindungen findest.

-dessen: *indessen,* _____

-falls: *allenfalls,* _____

-mal: *diesmal,* _____

-seits: *allerseits,* _____

-teils: *großenteils,* _____

-wegen: *deinetwegen,* _____

-weise: *probeweise,* _____

-zeit: *derzeit,* _____

zu-: *zuerst,* _____

-zu: *allzu,* _____

der-: *derart,* _____

-dings: *neuerdings,* _____

-maßen: *dermaßen,* _____

-orts: *innerorts,* _____

-so: *ebenso,* _____

-wegs: *geradewegs,* _____

bei-: *beisammen,* _____

nichts-: *nichtsdestoweniger,* _____

●○ **2** Vervollständige die Sätze sinnvoll und verwende dabei jeweils eines der Merkwörter aus dem Wortspeicher.

> Wortspeicher
>
> demzufolge • allerdings • deshalb • keinesfalls • zurzeit

1 Wir verwenden nun in allen Fächern Tablets im Unterricht _____
_____.

2 _____
_____ einige Tablets wurden vom Förderverein der Schule gespendet.

3 Die Lernenden sollten für einen angemessenen Umgang mit modernen

Technologien sensibilisiert werden _____
_____.

4 Unsere Schule plant, einen 3D-Drucker zu kaufen, _____
_____

5 Die Finanzierung des kostspieligen Druckers ist _____
_____.

●●○ **3**   Trenne in den folgenden Sätzen die Wörter voneinander ab und schreibe sie auf.
Achte dabei auf die Getrennt- und Zusammenschreibung sowie auf die Groß- und Kleinschreibung.

Flugtaxis über unseren Städten

Mitdemflugtaxidenstauhintersichlassenundabheben.

_____

Dasflugtaxisolldastaxifahrenrevolutionierenundzurverkehrsreduzierungindenstädtenbeitragen.

_____

_____

Dasgerätsollautonomfliegenkönnenundinnerortssowieaußerhalbderstädteeingesetztwerden.

_____

Irgendwannmalineinlufttaxieinzusteigen, wirdeinerumfragezufolgenichtallenfahrgästengleichermaßenleichtfallen.

_____

_____

●●●● **4**   Im Text befinden sich einige Getrennt- und Zusammenschreibungsfehler.
a   Unterstreiche und schreibe sie korrekt auf die Linien.
b   Begründe die richtige Schreibweise von fünf gefundenen Fehlern im Text.

Digital souverän?

Im Rahmen der Studie „Digital souverän?" der deutschen Bertelsmann Stiftung wurde untersucht, wie vor allem ältere Menschen in Deutschland digital souveränwerden können. Das bedeutet nicht nur, dass sie digitale Medien bedienenkönnen, sondern damit auch verantwortungsbewusst um gehen zu können. Dabei warf man auch einen Blick nach Finnland, denn dort herrscht in weiten Teilen die Überzeugung, alle Bevölkerungs-
5 gruppen gleicher maßen digital fitmachen zu wollen. Viele Projekte sind bereits angelaufen. Valerie Mocker, Entwicklungschefin bei der Innovationsstiftung Nesta, beschreibt Finnland als Vorbild für Deutschland: „Digitale Mündigkeit führt dazu, dass jeder Digitalisierung mit gestalten kann, anstatt ihr ausgeliefert zu sein, Finnland ist uns da um das 100fache voraus." Die Studie hat dem zu folge auch gezeigt, dass nur durch das Zusammen halten der gesamten Bevölkerung und viel Engagement die digitale Souveränität der gesamten
10 Bevölkerung entwickelt und gestärkt werden kann. „Zusammenschaffen wir das", so die digitalen Experten.

_____

_____

_____

Teste dich!

Getrennt- oder Zusammenschreibung

1 **Notiere für jede Wortgruppe mit [?] die richtige Schreibung. (7 P.)**

A Wer beruflich und privat viel vor dem Computer sitzt, sollte wissen, wie man augen [?] schonend arbeiten [?] kann.

B Ins [?] besondere Augenärzte werden es diesen Menschen immer wieder nahe [?] legen, das Licht beim Arbeiten am PC anzumachen.

C Die Augen werden beim Blick auf den Bildschirm zudem meist zu lange offen [?] gehalten und das führt zum Aus [?] ?trocknen der Bindehaut.

D Die Experten empfehlen dem [?] zufolge mehrmals zu blinzeln.

2 **Getrennt oder zusammen?**
a **Streiche jeweils die falsche Form der markierten Wortgruppen durch. (8 P.)**
b **Bei zwei weiteren Wortgruppen fehlen Bindestriche. Setze sie ein. (2 P.)**

Auszug aus einer Studie zur Mediennutzung von Jugendlichen

Die JIM-Studie 2017 untersucht, wie Jugendliche Mediennutzen / Medien nutzen. Es konnte gezeigtwerden / gezeigt werden, dass 89 Prozent der 12 bis 19 Jährigen täglich online sind. Dabei nutzen rund 38 Prozent das Internet, um kommunizierenzukönnen / kommunizieren zu können. Rund 30 Prozent der Zeit wird genutzt, um unterhalten / unter halten zu werden, und genau ein Fünftel der Zeit wird mit Online Spielen verbracht
5 und auf die Nutzung informativer Inhalte entfallen 11 Prozent. In Bezug auf die kommunikative Nutzung des Internet und seiner Dienste liegt WhatsApp ganz vorne. Die Ergebnisse zeigen, dass sich 94 Prozent der Jugendlichen regelmäßig über diese Kommunikationsplattform austauschen / aus tauschen. Auf Platz zwei steht Instagram (57 %), knapp dahinterliegen / dahinter liegen Snapchat und Facebook. Der Vergleich der Nutzer von Instagram und Snapchat zeigt, dass Jugendliche auf Snapchat deutlich aktiver sind. Auf beiden
10 Plattformen sind die 12- bis 19-Jährigen am häufigsten Follower von Leuten, die sie persönlich kennen. Während bei Instagram auch Accounts zu einem bestimmten Thema, von Internet-Stars oder anderen Stars (z. B. aus der Musik- oder Sportbranche) eine Rollespielen / Rolle spielen, steht bei Snapchat das digitale Zusammensein / Zusammen sein im Vordergrund.

Vergleiche deine Ergebnisse mit dem Lösungsheft. Für jede richtige Antwort bekommst du einen Punkt.

☺ 17–13 Punkte	☺ 12–8 Punkte	☹ 7–0 Punkte
Gut gemacht!	Gar nicht schlecht, aber lies dir die Informationskästen auf den Seiten 93 bis 94 noch einmal genau durch.	Arbeite die Seiten 93 bis 94 noch einmal genau durch.

Zeichensetzung

Die Kommasetzung in Satzreihen und Satzgefügen und Infinitivsätzen

> **Information**   **Das Komma in Satzreihe (Hs + Hs) und Satzgefüge (Hs + Ns)**
>
> - Die einzelnen **Hauptsätze einer Satzreihe** werden durch **Komma** voneinander getrennt, z. B:
>   *Schon im Mittelalter war die Selbstdarstellung beliebt, Porträts leisteten sich vorwiegend Reiche.*
>   Häufig werden Hauptsätze durch nebenordnende Konjunktionen wie *und, oder, aber, doch, sondern, denn*
>   miteinander verbunden. Nur vor den Konjunktionen *und* bzw. *oder* darf das Komma entfallen, z. B.:
>   *Wer wichtige Menschen oder Vorbilder trifft, möchte den Moment gern festhalten (,) und er möchte sich
>   dabei selbst mit abbilden.*
> - **Zwischen Haupt- und Nebensatz** (Satzgefüge, ▶ S. 69) muss immer ein **Komma** stehen. Ein Nebensatz
>   kann **vor, zwischen oder hinter dem Hauptsatz** stehen. Ein Satzgefüge kann mehrere Nebensätze ent-
>   halten, die alle mit Komma abgetrennt werden, z. B.:
>   *Die Frage, ob man Selfies mit Staatsvertretern verbieten sollte, wird immer wieder diskutiert.*

1   **a**   In den folgenden Sätzen fehlen sieben Kommas. Trage sie ein.
      b   Unterstreiche die Nebensätze. Prüfe so, ob du alle Kommas richtig gesetzt hast.

Selfies? Nichts wirklich Neues …

Porträts haben unterschiedliche Funktionen die wesentlich von ihrem Gebrauch abhängen. Diese sind
durch den Erinnerungswert des Porträts bestimmt sie sind also an einen individuellen Menschen
gebunden der durch seinen sozialen Rang, seine Persönlichkeit oder seine besonderen Taten bildnis-
würdig ist. Als Beispiele dafür sind ägyptische Mumienporträts ebenso wie Stifterbilder und Toten-
masken zu nennen aber auch Porträts von Zeremonien wie Hochzeitsfotos oder Inthronisations-
porträts[1] von Monarchen. In der Politik wird ein Herrscherbild oder das Porträt eines Regierungschefs
oft als staatliches Symbol gebraucht es ziert öffentliche Gebäude, Münzen, Banknoten oder auch
Briefmarken. In der bürgerlichen Briefkultur von der Aufklärung bis zur Moderne dienten Porträts
die einem Schreiben beigelegt wurden zur Festigung der Beziehungen.

1 Inthronisation: Thronbesteigung

> **Information**   **Das Komma in Infinitivsätzen**
>
> Ein **Komma muss** stehen,
> - wenn der Infinitivsatz mit *um, anstatt, statt, außer, ohne, als* eingeleitet wird, z. B.:
>   *Ich mache Selfies, **um** eine Urlaubserinnerung zu haben.*
> - wenn der Infinitivsatz von einem Nomen oder einem hinweisenden Wort wie *dazu, daran, darauf* oder *es*
>   im Hauptsatz abhängt, z. B.:
>   *Das Posten von Selfies während des Urlaubs dient **dazu,** die eigene Reisefreude mitzuteilen.*

2   **Unterstreiche den Infinitivsatz, markiere das hinweisende Wort und setze die Kommas.**

Noch am Flughafen machen die ersten Urlauber ein Selfie für ihren Online-Account um ihren Followern von ihrer
bevorstehenden Reise zu berichten. Viele Orte werden nach der Selfietauglichkeit ausgewählt anstatt an jene
Orte zu bereisen, die man wirklich interessant findet.

Das Komma bei Appositionen und Erläuterungen

Information   Die Kommasetzung bei Appositionen und nachgestellten Erläuterungen

- Die **Apposition** ist eine besondere Form des Attributs und besteht in der Regel aus einem Nomen oder einer Nomengruppe. Sie folgt ihrem Bezugswort, steht im gleichen Kasus wie dieses und wird **durch Kommas abgetrennt,** z.B.:
  Während der Jugendzeit, einer Zeit voller Abenteuerlust, gibt es manchmal ausgefallene Mutproben.
- **Die nachgestellte Erläuterung** wird oft mit Wörtern wie *nämlich, und zwar, vor allem, das heißt (d. h.), zum Beispiel (z. B.)* eingeleitet. Sie wird **durch Komma(s) abgetrennt,** z.B.:
  Eine riskante Situation kann auf den ersten Blick imposant erscheinen, vor allem für andere.

1 a Setze im folgenden Text die fehlenden Kommas.
   b Unterstreiche bei Appositionen und nachgestellten Erläuterungen einleitende Wörter, wo vorhanden.

Broschüre warnt vor gefährlichen Selbstinszenierungen

Immer mehr Jugendliche vor allem Hasardeure[1] klettern ungesichert auf Wolkenkratzer oder surfen auf fahrenden Zügen alles nur für ein vermeintlich cooles Selfie. Das russische Innenministerium trug eine schockierende Bilanz vor: Seit Jahresbeginn 2015 d. h. von Januar bis Juli sind in dem Land zehn Menschen bei dem Versuch gestorben, ein „cooles" Selfie also ein Foto von sich selbst in einer gefährlichen Situation zu machen. Mindestens weitere 100 Abenteuersüchtige wurden verletzt und zwar in erheblichem Umfang. Das Innenministerium will dem tödlichen Trend jetzt entgegenwirken nämlich mit der Broschüre „Sichere Selfies". Piktogramme vorwiegend in Verbotsschild-Optik zeigen zahlreiche Situationen teils absurd gefährlich in denen man auf keinen Fall auch nur an ein Selfie denken sollte.

1 Hasardeur: jemand, der verantwortungslos handelt und alles aufs Spiel setzt

Sätze mit Gedankenstrichen und Klammern gliedern

Information   Gedankenstriche und Klammern

Mit **Gedankenstrichen und Klammern** lassen sich **Einschübe und Nachträge** deutlich vom übrigen Text abgrenzen. Sie besitzen eine stärkere textgliedernde Wirkung als die Kommas und werden bewusst zur Unterstützung des Lesers eingesetzt, z.B.: *Ein Selfie (auf dem Gipfel eines 4000er) kann schnell zum „Killfie"* *werden.*

2 a Finde für die folgenden Sätze passende Einschübe oder Nachträge, indem du die Lücken füllst.

Die sogenannten „Killfies" – _____ – sollen in Zukunft durch eine spezielle App verhindert werden. Die App versucht, die Nutzer darüber zu informieren, wenn sie in einer gefährlichen Situation –

_____ – ein Selfie aufnehmen.

b Setze im folgenden Satz an der passenden Stelle Klammern.

Dafür werden GPS-Daten ausgewertet sowie die Umgebung geprüft und Bilder auf Türmen, an Klippen, vor gefährlichen Tieren gescannt.

Stärken stärken: Die Zeichensetzung bei Zitaten

Information	Richtig zitieren: Textstellen wörtlich wiedergeben

Wörtlich wiedergegebene Textstellen (Zitate) müssen durch **Anführungszeichen** gekennzeichnet werden. Innerhalb des gekennzeichneten Zitats darf der **Originaltext nicht verändert** werden.
Geringfügige Änderungen werden durch [eckige] Klammern, Auslassungen durch [...] gekennzeichnet.
Treffen **Punkt, Frage- oder Ausrufezeichen** mit den Anführungszeichen zusammen, stehen die Satzschlusszeichen

- **außerhalb der Anführungszeichen,** wenn sie nicht zu der zitierten Äußerung gehören, z. B.:
  Immer wieder gibt es Diskussionen über die Frage „Ist die kommerzielle Verwertung von Aufnahmen bekannter Bauwerke im öffentlichen Raum uneingeschränkt erlaubt?".
- **innerhalb der Anführungszeichen,** wenn sie zu der wiedergegebenen Äußerung gehören, z. B.:
  „Können Fotografen in öffentlichen Parks wie Sanssouci Gebäude ohne Genehmigung fotografieren und diese in Bilddatenbanken zum Vertrieb anbieten?", fragt die Stiftung Preußische Schlösser und Gärten.
  Bei einem angeführten Satz lässt man den Schlusspunkt am Ende des Zitats weg, z. B.:
  Eigentümer von Gärten und Parkanlagen können Fotoaufnahmen reglementieren.
  „Eigentümer von Gärten und Parkanlagen können Fotoaufnahmen reglementieren", das entschied der Bundesgerichtshof (BGH) am 17. Dezember 2010.

●○○ **1** Prüfe die Zitierweise des folgenden Paragrafen: Unterstreiche die Fehlerstellen mit Rot und verbessere im Heft.

Paragraf 59 des Urheberrechtsgesetzes (UrhG)
(1) Zulässig ist, Werke, die sich bleibend an öffentlichen Wegen, Straßen oder Plätzen befinden, mit Mitteln der Malerei oder Grafik, durch Lichtbild oder durch Film zu vervielfältigen, zu verbreiten und öffentlich wiederzugeben. Bei Bauwerken erstrecken sich diese Befugnisse nur auf die äußere Ansicht.

A Paragraf 59 des Urheberrechtsgesetzes (UrhG) gestattet es, Werke, die sich „bleibend an öffentlichen Wegen, Straßen oder Plätzen befinden, mit Mitteln der Malerei oder Grafik, durch Lichtbild oder durch Film zu vervielfältigen, zu verbreiten und öffentlich wiederzugeben." Klärend heißt es weiter, dass dies jedoch bei Bauwerken „nur für die äußere Ansicht" gilt.

B Laut Paragraf 59 des Urheberrechtsgesetzes (UrhG) ist es nicht untersagt, bleibende Werke „an öffentlichen Wegen, Straßen oder Plätzen durch Lichtbild oder durch Film zu vervielfältigen, zu verbreiten und öffentlich wiederzugeben". „Bei Bauwerken erstrecken sich diese Befugnisse nur auf die äußere Ansicht.", heißt es weiter.

●●○ **2** Schreibe den Text in dein Heft und ergänze alle fehlenden Zeichen (Anführungszeichen, Komma, Satzschlusszeichen).

Recht auf Panoramafreiheit

Schlagzeilen wie Verwertung bleibt legal oder EU-Parlament zu Panoramafreiheit Klicken und Posten – kein Problem oder Selfies vor öffentlichen Gebäuden bleiben erlaubt kursierten in den Medien als die EU-Kommission erneut über das Fotografieren öffentlicher Plätze debattierte. Die Parlamentarier stimmten mit überwältigender Mehrheit gegen eine Einschränkung der Panoramafreiheit, jedoch verweigern einige Länder immer noch eine dahingehende Erweiterung des Urheberrechts, bedauert ein EU-Abgeordneter.

●●● **3** a Unterstreiche im Text alle Satzzeichen, die im Zusammenhang mit dem Zitat stehen.
  b Erkläre schließlich die jeweilige Regel dahinter und schreibe sie mit entsprechendem Beispiel ins Heft.

Gemäß des Panoramafreiheitsgesetz (§ 59 UrhG) ist es „jedermann [erlaubt], Werke, die sich bleibend an öffentlichen Wegen, Straßen oder Plätzen befinden, durch Malerei, Foto oder Film vervielfältigen [...]".

Teste dich!

Zeichensetzung

1 Im folgenden Text fehlen Kommas. Trage sie ein. (8 P.)

Biometrie[1]

Das Gesicht eines der wichtigsten biometrischen Merkmale des Menschen steht im Mittelpunkt der Identifizierungsmöglichkeiten. Gesichtserkennung meint die Analyse der Ausprägung sichtbarer Merkmale im vorderen Bereich des Kopfes also geometrische Anordnung und Eigenschaften der Oberfläche. Fachleute unterscheiden zwischen der Erkennung eines Gesichts im Bild und dessen Zuordnung zu einer bestimmten Person: Im ersten Fall wird geprüft ob und wo ein Gesicht zu sehen ist im zweiten um wen es sich handelt. Im englischen Sprachraum wird bei einer Gesichtserkennung durch Menschen von *face perception* gesprochen eine Gesichtserkennung durch Maschinen wird als *face recognition* bezeichnet. Es ist möglich Überwachungskameras im öffentlichen Raum mit Systemen der Gesichtserkennung auszustatten.

---

1 Biometrie: automatisierte Erkennung von Menschen, basierend auf ihren Verhaltens- und biologischen Merkmalen

2 Prüfe die Kommasetzung. Schreibe die entsprechende Ziffer hinter das Komma: *1* muss stehen, *2* darf nicht stehen. (8 P.)

Selbst, ☐ wer auf Facebook sein Gesicht nur schemenhaft präsentiert, ☐ hat möglicherweise keine Chance auf Nicht-Erkennen. Facebook-Forscher entwickelten einen Algorithmus, ☐ der Menschen auf Fotos auch dann erkennen kann, ☐ wenn ihr Gesicht nicht klar zu sehen ist. Der Algorithmus verwendet demnach Eigenschaften, ☐ z. B. Frisur, Kleidung, Figur und Körperhaltung, ☐ um eine Person zu identifizieren. In den USA, ☐ und einigen anderen Ländern setzt Facebook auch Verfahren der klassischen Gesichtserkennung ein, ☐ aber in Deutschland verzichtet das Netzwerk bisher darauf.

3 Die Kennzeichnung von Zitaten im folgenden Text weist Fehler auf.
Unterstreiche sie und schreibe den Text verbessert ins Heft. (5 P.)

Bei der Bilderkennung sollen heute nicht nur Gesichter, sondern viele verschiedene Dinge erkannt werden.", erklärt Prof. Ortwin Kox vom Lehrstuhl für Bildverarbeitung der Universität Erfurt". Die Algorithmen würden zwar mit Millionen von Einzelbildern trainiert und verbesserten sich stetig, doch Fehler ließen sich bei dieser „komplizierten Aufgabe" nicht ausschließen." Denn, so Kox „nach wie vor verstehen Computer die Welt bei Weitem nicht so gut wie Menschen."

Vergleiche deine Ergebnisse mit dem Lösungsheft. Für jede richtige Antwort bekommst du einen Punkt.

☺ 21–17 Punkte	☺ 16–11 Punkte	☹ 10–0 Punkte
Gut gemacht!	Gar nicht schlecht, aber lies dir die Informationskästen auf den Seiten 98 bis 100 noch einmal genau durch.	Arbeite die Seiten 98 bis 100 noch einmal genau durch.

Eine Prüfung schreiben

Wie kannst du mit der folgenden Einheit arbeiten?

1 Der folgende Test (▶ S. 102–111) hilft dir zu erkennen, was du im Fach Deutsch schon alles gelernt hast: Was weiß ich? Was kann ich? Wo bin ich noch unsicher? Wo habe ich Lücken? Du kannst mit dem Test die verschiedenen Bereiche der schriftlichen Abschlussprüfung prüfen. Eine Übersicht findest du auf der Seite 4.

2 In dem Test begegnen dir verschiedene Aufgabenformate, z. B. Auswahlaufgaben, Kurzantwortaufgaben oder Zuordnungsaufgaben. Eine Übersicht findest du auf der Seite 8. In den Prüfungsaufgaben wirst du mit der Höflichkeitsanrede „Sie" angesprochen.

3 Lies die Texte und Aufgabenstellungen immer sehr aufmerksam und überlege, bevor du z. B. vorschnell ankreuzt, ob du jeweils genau verstanden hast, was verlangt wird.

4 Du kannst deine Antworten mit Hilfe des Lösungsheftes überprüfen.

5 Während du in diesem Heft deine Lösungen eintragen kannst, darfst du in der Prüfung die Arbeitsblätter nicht beschreiben!

Pflichtteil A 1: Sachtext

Andrea Wieland: **Die neue Sehnsucht nach Heimat**

Schrebergarten, Volksmusik und Spießigkeit – Heimat war für viele Menschen ein Synonym für Enge und konservative Lebensführung. Doch das einst gemiedene Wort Heimat scheint eine Wandlung zu erfahren. In einer Umfrage des „Spiegel" aus dem Jahr 2012 gaben 64 Prozent der Deutschen an, dass Heimat
5 im Zeitalter der Globalisierung für sie an Bedeutung gewonnen hat. Im Jahr 1999 waren es etwa zehn Prozent weniger. Gibt es also einen Zusammenhang zwischen einer immer komplexer werdenden Welt und der Sehnsucht nach dem Rückzug in einen kleinen, heilen und überschaubaren Mikrokosmos? Zukunftsforscher bejahen das und haben dafür längst einen Namen gefunden. Auf der
10 Seite von trendwatching.de ist der „Still Made Here Trend" so beschrieben: „Es ist das Comeback des Lokalen, all der Dinge mit einem Sinn für die eigene Umgebung [...]. In einer Welt, die bestimmt wird von Globalisierung und Massenproduktion, interessieren sich immer mehr Konsumenten für das Lokale und damit für das Authentische, das Verantwortungs- und Umweltbewusste."
15 Für Professorin Beate Mitzscherlich ist die neue Sehnsucht nach Heimat unserer Zeit daher kein Zufall: „Dieser Rückbezug auf Heimat kommt immer dann, wenn die Außenwelt unsicher und unheimlich ist." Offensichtlich wächst in diesen Zeiten das Bedürfnis nach Orientierung, Sicherheit und Geborgenheit – eben nach Beheimatung [...]. Beheimatung ist ein aktiver Prozess des
20 Sich-Verbindens mit Orten, Menschen, kulturellen und geistigen Bezugssystemen. „Erst in der Fremde erfahren wir, dass die Enge, die wir als Jugendliche als Kontrolle erfahren haben, etwas Unterstützendes und Haltendes sein kann", sagt Prof. Beate Mitzscherlich über Menschen, die irgendwann in ihren Heimatort zurückkehren, wie Gerd Leipold. Der ehemalige Greenpeace-Chef
25 lebte in Kalifornien, London und Amsterdam, bevor er sich nach über 40 Jahren wieder in seinem oberschwäbischen Heimatort niederließ. Heute fühlt er sich sehr wohl dort. Zurück zu den Wurzeln ist im Trend: Sei es Lokales aus den Heimatläden, regionale Krimis oder Bands, die Dialekt singen. Alles mündet in einer neuen Sehnsucht nach Heimat. Gespeist wird dieses Bedürfnis,
30 psychologisch betrachtet, aus der Unsicherheit und dem Unbehagen der Moderne. Für manche Menschen mag es vielleicht sogar ein Protest gegen eine schnelllebige, leistungsorientierte und verletzte Welt sein.

SPIEGEL-UMFRAGE

Heimat

„Was verbinden Sie vor allem mit dem Begriff Heimat?"

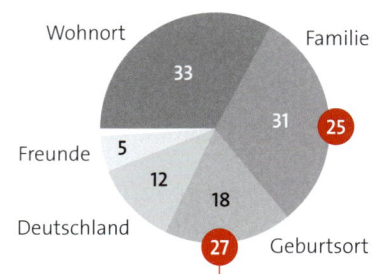

Wohnort 33
Familie 31
25
Freunde 5
12
18
Deutschland 27
Geburtsort

zum Vergleich: **Emnid-Umfrage 1999**

64 % *der Befragten gaben an, dass Heimat im Zeitalter der Globalisierung für sie eher an Bedeutung gewonnen hat. 1999 sagten das nur 56 %.*

„Bewerten Sie die folgenden Aussagen zum Thema Heimat auf einer Skala von 0 bis 10."

0: stimme überhaupt nicht zu   10: stimme voll und ganz zu

8,0
Ist wichtig für ein Volk.

7,8
Ist Teil meiner Persönlichkeit.

7,4
Gibt mir Rückhalt und Sicherheit.

4,2
Ist eher Vergangenheit als Gegenwart.

3,6
Ist etwas für Romantiker.

1,8
Engt mich ein.

TNS Forschung am 27. und 28. März 2012; 1000 Befragte; Angaben in Prozent; an 100 fehlende Prozent: keine Angabe

Aufgabe 1: Textverständnis

a **Prüfen Sie, welche der folgenden Aussagen mit dem Sachtext übereinstimmen.**
Notieren Sie entsprechend: trifft zu / trifft nicht zu / nicht genannt.

1 Heimat war für viele Menschen ein Synonym für Enge und konservative Lebensführung. _____

2 Das Konzept „Heimat" wird heute verändert wahrgenommen. _____

3 Zukunftsforscher sehen einen Zusammenhang zwischen der komplexer werdenden Welt und der Sehnsucht

nach Heimat. _____

4 Die Konsumenten interessieren sich hingegen eher für das Globale. _____

5 Heimat gibt den Menschen das Gefühl von Unterstützung. _____

6 Der Begriff „Heimat" ist für die meisten eng an den Wohnort gebunden. _____

7 Im Vergleich zur Umfrage von 1999 haben sich keine Bewertungsunterschiede ergeben. _____

b **Benennen Sie Zeilen, welche die Aussage belegen, dass die Rückkehr zu den eigenen Wurzeln mit der**
Globalisierung zusammenhängt.

_____

_____

c **Man spricht von einem „Comeback des Lokalen" (▶ Z. 11). Begründen Sie in einem Satz diese Aussage anhand**
des Textes.

_____

_____

Aufgabe 2: Sprachgebrauch

a **In Zeile 22 bis 30 sind Nominalisierungen zu erkennen. Nennen Sie eine davon (mit Zeilenangabe). Begründen**
Sie die Nominalisierung.

Nominalisierung: _____

Begründung: _____

b **Schreiben Sie die unten stehenden Sätze neu auf und setzen sie die fehlenden Kommata. Begründen Sie mit**
der passenden Kommaregel.
Hinweis: Der Begriff „Kommata" kann ebenso wie der Begriff „Kommas" verwendet werden.

1 Der Begriff „Heimat", der einst oft gemieden wurde scheint eine neue Bedeutung zu erlangen.

_____

_____

Begründung: _____

2 Die Menschen sehnen sich nach einem Rückzugsort wenn die Welt immer komplexer zu werden scheint.

_____

_____

Begründung: _____

3 Ein gestiegenes Sicherheitsbedürfnis Protest gegen Leistungsorientierung Ökologiebewusstsein oder Nostalgie können Motive für die neue Suche nach Heimat sein.

_____

_____

Begründung: _____

c Bestimmen Sie die Zeitform.

1 Heimat war für viele Menschen eine Synonym für Enge. _____

2 Für Prof. Mitzscherlich ist die neue Sehnsucht nach Heimat kein Zufall. _____

3 Zukunftsforscher [...] haben dafür längst einen Namen gefunden. _____

d Formulieren Sie folgenden Satz im Aktiv. Beachten sie die richtige Zeitform.

Ein „neue Sehnsucht nach Heimat" wird von Zukunftsforschern festgestellt.

_____

_____

_____

e Erläutern Sie das sprachliche Bild aus dem Text in eigenen Worten.

Zurück zu den Wurzeln liegt im Trend.

_____

_____

_____

f Nennen Sie für die unterstrichenen Begriffe jeweils ein Wort oder einen Ausdruck mit ähnlicher Bedeutung.

1 Gibt es also einen Zusammenhang zwischen einer immer komplexer werdenden Welt und der Sehnsucht

nach dem Rückzug in einen kleinen, heilen und überschaubaren Mikrokosmos _____?

2 Es ist das Comeback _____ des Lokalen ...

3 In einer Welt, die bestimmt wird von Globalisierung und Massenproduktion, interessieren sich immer mehr

Konsumenten für das [...] Authentische _____.

Pflichtteil A 2: Lektüre

Grit Poppe: Weggesperrt (vgl. S. 24 f.)

Aufgabe 3: Textverständnis

a Nennen Sie die Gründe, weshalb Anjas Mutter einen Ausreiseantrag gestellt hat.

_____

_____

_____

_____

b Erklären Sie die „Erziehungsmaßnahmen" in der DDR. Was bezweckte der Staat damit?

_____

_____

_____

_____

c Schildern Sie, was Anja in der Familie erlebt.

_____

_____

_____

_____

d Erläutern Sie, wie sich Anja „dort" (▶ S. 173 ff.) verändert.

_____

_____

_____

_____

e Erläutern Sie, weshalb Rilkes Gedichte vom „Panter" und „Aussage des verlorenen Sohnes" so wichtig für Anja sind.

_____

_____

Grit Poppe: Weggesperrt (vgl. S. 24 f.)

_____

Aufgabe 4: produktive Schreibaufgaben

„Ein paar Minuten später zogen sie im Strom der Menschen mit. Anja hielt sich an ihrer Mutter fest, als könnte sie plötzlich wieder verschwinden. Sie liefen schweigend inmitten der johlenden, klatschenden Menge. Anja wollte etwas sagen, wollte sagen, dass sie jetzt in diesem Augenblick, glücklich war, aber sie konnte nichts herausbringen." (▶ S. 320, Z. 9 ff.)

a Formulieren Sie fünf unterschiedliche Gedanken, die Anja in dieser Situation durch den Kopf gehen könnten. Berücksichtigen Sie dabei auch ihren Streit mit der Mutter über den Ausreiseantrag.

_____

_____

_____

_____

_____

Anja fragte sich, ob das jetzt die Gelegenheit war, um nach dem Verbleib ihrer Mutter zu fragen. Aber die Erzieherin sah irgendwie seltsam aus, verwirrt und blass, mit roten Flecken im Gesicht. Sie wirkte, als wäre sie nicht ganz bei sich. Anja bekam plötzlich das Gefühl, dass sie Frau Wieland trösten musste. Aber wie? „Passen Sie auf sich auf", sagte sie. Mehr fiel ihr nicht ein.

„Du auch, Anja. Pass gut auf dich auf. Hörst du? Du musst vorsichtig sein." Einen Moment sah es so aus, als wollte Frau Wieland noch etwas hinzufügen. Aber sie schien die richtigen Worte nicht zu finden. (▶ S. 88, Z. 15–25)

Frau Wieland bringt zu diesem Zeitpunkt ihre Gedanken nicht über die Lippen. Doch sie weiß wohl genau, was Anja bevorsteht. Nach dem Fall der Mauer geht das Bild von Anja und ihrer Mutter nach ihrem Wiedersehen in Leipzig durch die Zeitungen. Frau Wieland erkennt Anja und fühlt einen inneren Drang, ihr zu schreiben, ihr zu erklären, ihr zu danken, sie um Verzeihung zu bitten. Dabei ist sie sich nicht sicher, ob Anja diesen Brief überhaupt lesen möchte.

b Schreiben Sie diesen kurzen Brief (mindestens 150 Wörter).

_____

_____

_____

_____

_____

_____

_____

_____

Wahlteil B

Bearbeiten Sie eine der drei folgenden Aufgaben.

Aufgabe 5a: Einen Prosatext beschreiben

Marlene Röder

Scherben

Ich bin unvorsichtig geworden. Wie schnell das geht. Zu Hause wäre mir das nie passiert. Ich bin müde, daran liegt es. Seit ich hier bin, könnte ich die ganze Zeit nur schlafen.

5 Sie haben mir ein Zimmer gegeben mit Modellflugzeugen, die von der Decke hängen. An eine Wand ist ein Regenbogen gesprayt. „Was ist denn das für ein Babyzimmer?", hab ich gefragt. Ich bin fast vierzehn, Mann. „Das ist das Zimmer von meinem Bruder",
10 hat das Mädchen gesagt, und Alter, wie die dabei geguckt hat. Als würde sie mir jeden Knochen im Leib einzeln brechen, wenn ich die Scheißflugzeuge auch nur schief angucke. „Und wo ist er, dein Bruder?", hab ich gefragt. Weil, hey, ich hätte ein Problem da-
15 mit, wenn meine Alten einfach jemand in meinem Zimmer pennen lassen würden, selbst wenn es ein Babyzimmer ist. Aber diese Pfarrerskinder, die sind wohl sozial erzogen. Nächstenliebe und so was. „Er ist tot", hat sie gesagt und auf den Fußboden ge-
20 schaut: „Er hatte Muskelschwund." Ich starre sie an und stelle mir einen Jungen vor, der sich langsam auflöst, die Muskeln flutschen zurück wie Spaghetti, bis er nur noch ein Häufchen Knochen ist, überspannt von Haut. Und auseinanderfällt.

25 Bestimmt hätte ich da was sagen sollen, irgendwas mit herzlich … Aber das Einzige, was mir eingefallen ist, war herzlichen Glückwunsch, und das passte ja wohl nicht. Also hab ich nur gesagt: „Toll, das Zimmer von 'nem Toten."

30 Auf dem Schreibtisch steht sogar noch ein angefangenes Modellflugzeug, steht da wie in einem Scheißmuseum, und manchmal bastle ich ein bisschen rum, nur um die Pfarrersippschaft[1] zu ärgern. Neulich kam der Pfarrer himself ins Zimmer, um irgend-
35 welches Gerichtszeug mit mir zu besprechen. Ich hab gesehen, dass er es sofort gemerkt hat, er hat auf das Flugzeug gestarrt und ich dachte, gleich fängt er an zu flennen[2] oder scheuert mir eine, aber stattdessen hat er mich angeguckt und dann hat er versucht
40 zu lächeln.

Kein Wunder, dass man da lasch wird. Dass man nicht mehr aufpasst, dass man vergisst, die Tür abzuschließen, wenn man morgens mit müdem Kopf ins Bad trottet. Zu Hause wär mir das nie passiert.

Ich stehe in Boxershorts vorm Waschbecken und 45 spüle mir die Zahnpasta aus dem Mund. Als ich wieder hochgucke, sehe ich in dem großen Spiegel, dass das Mädchen hinter mir in der offenen Tür steht. Sie starrt mich an, starrt meinen Rücken an, die Striemen, wo der Arsch mich mit dem Gürtel … Und mei- 50 ne Mutter, die zugesehen hat, bisschen geflennt, aber zugesehen …

Und jetzt sieht das Mädchen das alles, und ich steh da mit einem Rest Zahnpasta im Mundwinkel und hab mich noch nie so scheißnackt gefühlt. Ich wirbel 55 herum, aber ihr Blick geht an mir vorbei, es ist immer noch alles sichtbar im Spiegel, und wie kann das sein, dass sie morgens schon so aussieht, mit dem langen, rotbraunen Haar, das ihr über die Schulter fällt, makellos, ja, das ist das Wort. Ihre Augen sind 60 geweitet, sie guckt mich an wie etwas, was runtergefallen und kaputtgegangen ist, schade drum. Und dann gräbt sich diese Furche in ihre Stirn – oh, tut mir so leid für dich – und am liebsten würde ich sie schlagen. Stattdessen schreie ich sie an und schmei- 65 ße meine Zahnbürste nach ihr, dass der Schreck das andere in ihren Augen auslöscht. Ich schmeiße auch den Zahnputzbecher und die Cremes, den Rasierapparat und überhaupt alles, was in Reichweite ist. Aus einem kleinen Schnitt am Kinn des Mädchens tropft 70 Blut, aber es bleibt immer noch stehen. Zuletzt knalle ich die Seifenschale aus poliertem Stein gegen den großen Wandspiegel. WUMM! Mit einem befriedigenden Krachen explodiert er und die Scherben regnen glitzernd runter. Da läuft sie endlich weg. 75

---

1 Sippschaft: Familienangehörige, Familienanhang

2 flennen: umgangssprachlich für weinen

Mein Herz hämmert. Mir ist so heiß. Ich will meine Haut ausziehen und das alte zerknüllte Ding in den Korb für die schmutzige Wäsche schmeißen. Ich will mich hinlegen, mit dem Gesicht auf die kühlen Flie-
80 sen, 'ne Runde ausruhen. Aber das geht nicht, alles ist voller Scherben.

Das war's dann wohl mit dem Pfarrershaus. Nachdem ich ihr Bad zerlegt habe, schmeißen die mich raus. War ja klar, dass so was passiert. Aus irgendei-
85 nem Grund muss ich an das halb fertige Modellflugzeug denken, während ich in diesem Trümmerhaufen rumstehe. Alles voller Scherben und ich barfuß. Keine Ahnung, wie ich hier je wieder wegkommen soll.

90 Es klopft an der Badezimmertür. „Kann ich reinkommen?", fragt eine Männerstimme. „Meinetwegen." Was soll ich auch sonst sagen? Erwachsene machen eh, was sie wollen, egal, was du davon hältst. Es ist der Pfarrer. Bestimmt hat seine Tochter ihn geholt,
95 weil sie Angst vor dem Verrückten im Bad hat. Bestimmt ist er wütend, weil ich sie mit Sachen beworfen habe, aber sein Gesicht bleibt ganz ruhig. Er sieht sich in dem zertrümmerten Bad um, dann sieht er mich an.

Die Scherben knirschen unter seinen Sohlen, als er
100 auf mich zukommt. Er trägt Schuhe. Mein Körper spannt sich. Da breitet er linkisch[3] die Arme aus und ich kapiere, dass er mich hochheben will, mich über die Scherben hinwegtragen wie einen kleinen Jun-
105 gen.

Aus irgendeinem Grund tut das mehr weh, als wenn er mich geschlagen hätte. Ich mache einen Schritt rückwärts, suche nach Worten und finde welche, mit denen ich ihn schlagen kann: „Nur weil dein Sohn
110 tot ist ... Ich brauch niemanden, der mich rettet, kapiert!"

Die Arme des Pfarrers sinken langsam herab, auch in seinem Gesicht sinkt etwas und ich schaue weg. „Ich hab keinen Muskelschwund! Ich hab jede Men-
115 ge Muskeln!", sage ich, denn ich bin fast vierzehn. Und dann laufe ich über die Scherben zur Tür. Ich merke, wie die Scherben in meine nackten Füße schneiden, aber ich laufe weiter.

---

3 linkisch: so, dass sich jemand ungeschickt verhält

Fertigen Sie zu diesem Text eine Textbeschreibung an. Beachten Sie insbesondere folgende Punkte:
– Charakterisierung der Hauptpersonen unter Berücksichtigung der Erzählperspektive
– Ort und Zeit des Geschehens
– sprachliche Bilder (mindestens zwei)
– Satzbau
Schreiben Sie einen zusammenhängenden, gegliederten Text.
Achten Sie auf korrekte Sprache und Rechtschreibung. Beides wird bewertet.

Aufgabe 5 b: Ein Gedicht beschreiben

Mascha Kaléko

Alle Mütter ... (1933)

Alle Mütter waren einmal klein.
Kinder können das oft gar nicht fassen
Wenn die Kinderschuhe nicht mehr passen,
Fällt es ihnen wohl zuweilen ein.
5 Große Kinder suchen fremde Gassen,
Mütter bleiben später oft allein.

Alle Kinder werden einmal groß.
Mütter können das oft nicht begreifen.
Kleines Mädchen mit den bunten Schleifen,
10 Spieltest gestern noch auf ihrem Schoß;
Kleiner Sohn, mußt du die Welt durchstreifen?
Mütter haben oft das gleiche Los.

Alle Stuben werden einmal leer.
Kahl der Tisch, verwaist und stumm der Garten.
15 Diele knarrt. Und Mütter schweigen, warten ...
Manchmal kommt ein Brief von weitem her.
Stern verlischt. Und all die wohlverwahrten
Tränen tropfen ungeweint ins Meer.   R

Fertigen Sie zu diesem Gedicht eine Textbeschreibung an.
Beachten Sie insbesondere folgende Punkte:
– **sprachliche Mittel und deren Wirkung**
– **Überschrift in Bezug auf den Inhalt des Gedichtes**
– **die Rolle der Mutter**
– **den Aktualitätsbezug.**
Schreiben Sie einen zusammenhängenden, gegliederten Text.
Achten Sie auf korrekte Sprache und Rechtschreibung. Beides wird bewertet.

Aufgabe 5c: textgebundene Erörterung

**Erörtern Sie die Gründe und Folgen der „Wa(h)ren Schönheit" im Leben Jugendlicher.
Verwenden Sie die folgenden Materialien für ihre Argumentation.
Begründen Sie Ihre eigene Meinung.**

Schlankheitswahn: Schönheit um jeden Preis

Fast ein Drittel der Jugendlichen zwischen 13 und 16 Jahren ist unzufrieden mit der eigenen Figur. Oft mündet der Schlankheitswahn in Essstörungen. Wie können Jugendliche lernen, dass jeder Mensch auf seine Art schön und attraktiv ist?

Traumberuf Model: Für viele junge Mädchen ein wünschenswertes Ziel. Voller Bewunderung orientieren sie sich an den Superschlanken, die allgegenwärtig in Modezeitschriften, im Fernsehen oder auf Plakatwänden zu sehen sind. Dünn und schön scheint hier mit Erfolg und Aufmerksamkeit gekoppelt zu sein – aber eben nur mit den richtigen Körpermaßen. Welches Mädchen aber kann sich mit den Models messen und was ist an denen überhaupt schön? Junge Mädchen, die sich an den Idealen der Modewelt orientieren, geraten in eine ständige Konkurrenzsituation. Denn über die Welt hinter diesen Kulissen, wie hart die Models arbeiten, um im Geschäft zu bleiben, wie sie ihren Körper ruinieren, um die Idealfigur zu behalten, und mit welchen technischen Tricks ihr Aussehen getrimmt wird, darüber wird kaum öffentlich diskutiert. Fernsehsendungen, wie „Germanys Next Topmodel", verklären diesen Traumberuf noch mehr. Denn auch hier werden nur Mädchen mit Idealmaßen gezeigt und von einer Jury bewertet. Und damit die Quote stimmt, müssen Tränen fließen, und das auf Kosten der Teilnehmerinnen, die geschickt inszeniert vor der Kamera beurteilt werden.

Essstörungen als häufige Konsequenz

Studien belegen, dass fast ein Drittel der Jugendlichen zwischen 13 und 16 Jahren unzufrieden mit der eigenen Figur ist. Auch immer mehr junge Männer achten voller Sorge auf ihr Äußeres und wollen attraktiver sein. Und so gibt es Jungen, die bereits mit 12 Jahren eine Diät gemacht haben. Sogar sich operieren zu lassen, um vermeintlich schöner zu sein, ist für viele Jugendliche vorstellbar. Essstörungen sind häufig die Konsequenz, wenn sich der Wunsch nach dem Super-Idealgewicht mit der Realität nicht vereinbaren lässt. Deshalb brauchen Jugendliche Unterstützung, um ein gesundes Körpergefühl zu entwickeln. Gerade in der Pubertät, die geprägt ist von vielen Unsicherheiten, brauchen Mädchen und Jungs positive Vorbilder, die ihnen bei der Suche nach ihrer eigenen Identität helfen. Filmstars und Models bieten hier aber wenig Unterstützung.

Selbstvertrauen stärken

Doch die Medien allein sind nicht die einzigen Auslöser, wenn Jugendliche einem Schlankheitswahn verfallen. Die familiäre Situation, die Freunde und das Umfeld können die Unzufriedenheit mit dem eigenen Körper verstärken, können diese aber auch auffangen. Deshalb sollten Eltern mit ihren Kindern Schönheitsideale kritisch hinterfragen und selbst ein positives Vorbild geben. Vor allem müssen Jugendliche unterstützt werden, wenn sie für ihr Aussehen gehänselt werden. Wenn sie lernen, dass jeder Mensch auf seine eigene Art schön und attraktiv ist, dann wächst ihr Selbstvertrauen und sie lassen sich weniger einschüchtern. Eine offene Atmosphäre, vertrauensvolle Gespräche und das Stärken ihrer Fähigkeiten machen Kinder und Jugendliche selbstbewusst und unabhängig vom Einfluss der Medien.

(Quelle: Bayerischer Rundfunk)

Körperempfinden von Schülerinnen und Schülern
(Angaben nach Geschlecht und Schulstufe)

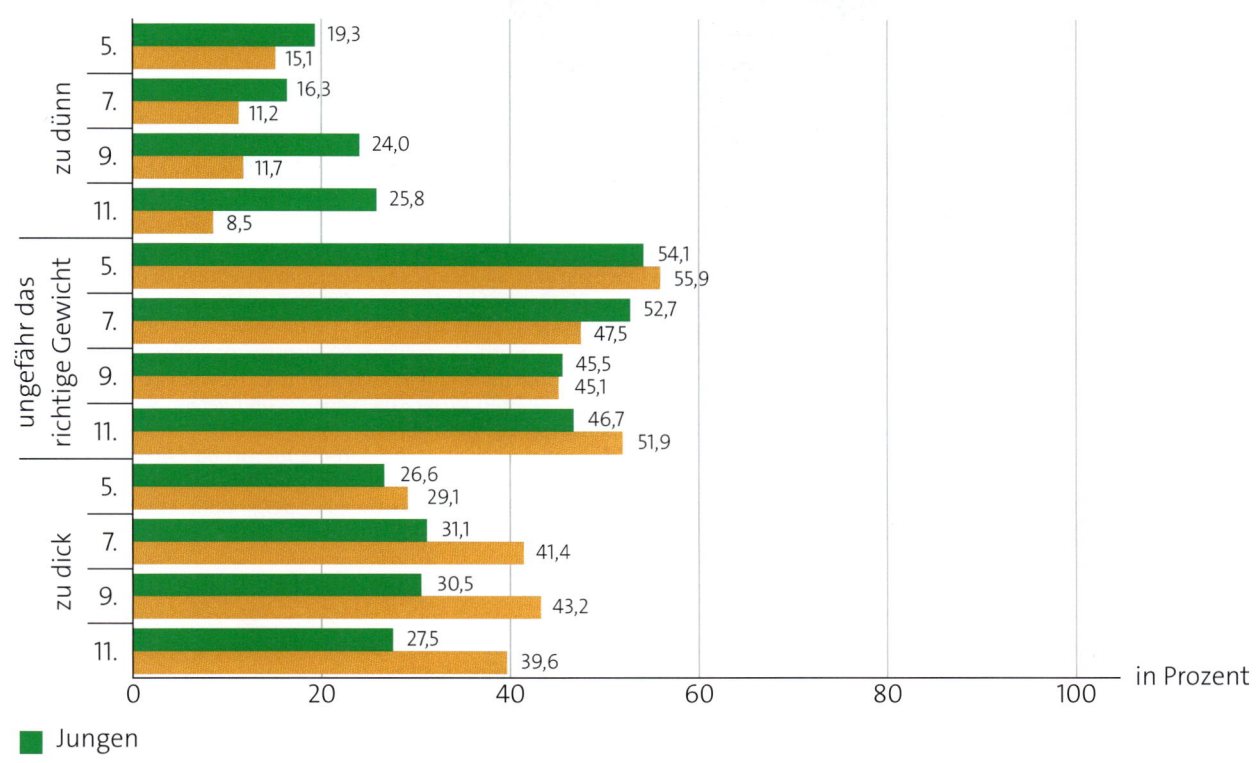

■ Jungen
■ Mädchen

Quelle: HBSC-Studie 2018

Autoren- und Quellenverzeichnis

S.11: Roboter, übernehmen Sie! Interviews von Mir am Hoffmeyer. Aus: Süddeutsche Zeitung / Miriam Hoffmeyer, 09.01.2016; http://www.sueddeutsche.de/karriere/zukunft-der-arbeit-roboter-uebernehmen-sie-1.2807971 (gekürzt); **S.12:** Stefan Schultz: Die Jobfresser kommen. Aus: http://www.spiegel.de/wirtschaft/soziales/arbeitsmarkt-der-zukunft-die-jobfresser-kommen-a-1105032-druck.html (gekürzt) (Stand: 02.08.2016); **S.18:** Künstliche Intelligenz: Schlauer als wir? Aus: Arbeit der Zukunft; https://www.zeitbild.de/arbeitderzukunft/; PDF, S.16/17, Zeitbild WISSEN, Zeitbild Verlag 2019; **S.19:** Dorothea Siems: Diese Arbeitnehmer haben künftig noch gute Chancen. Aus: https://www.welt.de/wirtschaft/article155468431/Diese-Arbeitnehmer-haben-kuenftig-noch-gute-Chancen.html (Stand: 18.05.2016); **S.22:** In der schlauen Fabrik? Aus: Arbeit der Zukunft; https://www.zeitbild.de/arbeitderzukunft/; PDF, S.18, Zeitbild WISSEN, Zeitbild Verlag 2019; **S.24, 30, 31:** Grit Poppe: Weggesperrt. Aus: Weggesperrt, Dressler Verlag, Hamburg 2009 (gekürzt); **S.33:** Rainer Maria Rilke: Der Panther. Aus: Neue Gedichte, Erster Teil. Frankfurt a. M.: Insel Verlag 1909; **S.36:** Gertrud Schneller: Das Wiedersehen. Aus: Fundgrube Zeichen der Hoffnung, Patmos Verlag, Düsseldorf 2000 (gekürzt); **S.47:** Wolfdietrich Schnurre: Beste Geschichte meines Lebens. Aus: Der Schattenfotograf, Berlin Verlag, Berlin 2010 (gekürzt); **S.48:** Rose Ausländer: Noch bist du da. Aus: Ich spiele noch. Neue Gedichte, Fischer Taschenbuch Verlag, Frankfurt a. M. 1987; **S.55:** Revolverheld: Lass uns gehen. Text: Kristoffer Hünecke und Johannes Strate. Label: Columbus D (Sony Music); **S.59:** Jan Wagner: haute coiffure. Aus: Selbstporträt mit Bienenschwarm, Ausgewählte Gedichte 2001–2005, Hanser Verlag, Berlin Hanser; **S.60:** Greta Thunberg – ein Gesicht des Klimaschutzes. © ZEIT ONLINE (www.zeit.de) vom: Zugriff am 20.01.2020; **S.61:** Text A: Felix Ekhardt: Auf der Suche nach dem verlorenen Sinn. © Felix Ekardt für ZEIT ONLINE (www.zeit.de) vom: 19.04.2018 (verkürzt und verändert); **S.62:** Text B: Susanne Klingner: Die Finger aus den Ohren. In: fluter. Magazin der Bundeszentrale für politische Bildung. Ab ins Grüne. Das Naturheft. März 2008/ Nr. 26. S. 25 (verkürzt und verändert); **S.63:** Silvia Liebrich: Nachhaltiger Tourismus: Reisen mit gutem Gewissen. Aus: Süddeutsche Zeitung/Silvia Liebrich, 10.08.2019 (verkürzt und verändert); **S.69:** Sara Geisler. Die Kurve kriegen. In: fluter. Magazin der Bundeszentrale für politische Bildung. Da kommt was. Klimawandel. Frühjahr 2019/ Nr. 70. S.49 (verkürzt und verändert); **S.79:** „Selbstbestimmung außer Kraft gesetzt" – Interview mit Yvonne Hofstetter. Das Interview führte Marie von Mallinckrodt, ARD-Hauptstadtstudio. Aus: http://www.sueddeutsche.de/karriere/zukunft-der-arbeit-roboter-uebernehmen-sie-1.2807971, (Stand: 9.01.2016); **S.81:** Der Turing-Test. Aus: Sabine Kern und Ingo Neumayer: Künstliche Intelligenz. https://www.planet-wissen.de/technik/computer_und_roboter/kuenstliche_intelligenz/ (11.12.2019) WDR 2019 (verkürzt und verändert); **S.102:** Andrea Wieland: Die neue Sehnsucht nach Heimat. Aus: http://www.planet-wissen.de/kultur/brauchtum/heimat/die-neue-sehnsucht-nach-heimat-100.html (Stand: 30.06.2016); **S.107:** Marlene Röder: Scherben. Aus: Melvin, mein Hund und die russischen Gurken. Erzählungen, Ravensburger Buchverlag, Ravensburg 2011; **S.109:** Mascha Kaléko: Alle Mütter … Aus: Das lyrische Stenogrammheft, Rowohlt Taschenbuch Verlag, Reinbek bei Hamburg 1956; **S.110:** Schlankheitswahn: Schönheit um jeden Preis? Aus: www.br-online.de/br-alpha/elternsprechstunde/elternsprechstunde-kinder-erziehung-ID1223387570602.xml; Bayerischer Rundfunk

Bildquellenverzeichnis

S.24: dpa; **S.26:** picture alliance/dpa-Zentralbild; **S.48:** dpa – Bildarchiv; **S.56:** picture alliance/Sammlung Richter; **S.60:** stock.adobe.com/Nicola; **S.63:** stock.adobe.com/Eisenhans; **S.66:** © Statista; **S.68:** Shutterstock/Lightspring; **S.69:** stock.adobe.com/mario_vender; **S.74:** INTERFOTO/Sammlung Rauch; **S.79:** Shutterstock/studiostoks; **S.81:** stock.adobe.com/thingamajiggs; **S.88:** stock.adobe.com/rolffimages; **S.94:** imago/blickwinkel; **S.95:** stock.adobe.com/Patrick Daxenbichler; **S.110:** stock.adobe.com/Kzenon

Impressum

Teile einiger Kapitel wurden erarbeitet von: Andreas Glas, Friedrich Dick, Dr. Cordula Grunow, Marianna Lichtenstein.

Redaktion: Birgit Wernz, Sandra Wuttke-Baschek

Illustrationen:
Nils Fliegner, Hamburg: S. 25, 30, 32, 36, 37, 41, 45, 53, 107, 109
Bianca Schaalburg, Berlin: S. 88, 89
Sulu Trüstedt, Berlin: S. 7, 9, 77, 87

Gesamtgestaltung und technische Umsetzung: werkstatt für gebrauchsgrafik, Berlin
Coverfoto: picture alliance/imageBROKER

www.cornelsen.de

1. Auflage, 1. Druck 2020

Alle Drucke dieser Auflage sind inhaltlich unverändert und können im Unterricht nebeneinander verwendet werden.

© 2020 Cornelsen Verlag GmbH, Berlin

Druck: Athesiadruck GmbH

ISBN 978-3-06-067486-2